「強い現場」をつくる
7つの条件

現場力を鍛える

増補改訂版

功
ndo

東洋経済新報社

本増補改訂版は、『現場力を鍛える』（2004年初版）に第5章を増補し、その他の章については適宜見直したものです。

第5章以外は、基本的に初版当時の情報のままであり、企業名や登場人物の肩書き等も当時のものであることをお断りいたします。

増補改訂版の刊行に際して

■20年で36刷、17万部を超えるロングセラーになって

本書を出版し、20年の月日が流れた。

おかげさまで、本書は多くのみなさんに愛読され、**36刷、17万部を超えるロングセラー**となった。

当時、私は欧州最大の経営コンサルティング会社、ローランド・ベルガー日本法人社長を務めていた。

日本ではまだまだ認知度の低い会社だったので、「なんとか多くの人に知ってもらいたい」という思いから出版したのが、この本だった。

ただ、一般的な戦略や組織の本を出したところで、たんなる二番煎じにすぎないし、面白くもなんともない。**日本人の経営者やビジネスパーソンに「刺さる」内容にしないといけない**と思案を重ねた。

当時の私は（いまでもそうだが）、**経営における「実行」の重要性**を強く意識していた。いくら合理的な戦略を策定しても、それを実行し、結果を生み出さなくてはまったく意味がない。一見理屈が通っているように見えても、実行に結びつかない戦略など不合理以外の何物でもない。

そして、その**実行を担っているのがオペレーションであり、現場**である。

ならば、オペレーションや現場にスポットライトを当てた本にできないかと考えた。

そこから生まれたのが、**「現場力」という言葉**である。

外資系の経営コンサルタントというと、「頭でっかちで屁理屈ばかりをこねくり回すいけ好かない人種」というイメージがついて回る。

そんなイメージの人間ばかりではないということを知ってもらいたいという願望も少しはあったと思う。

■「現場力」が信念になり、ライフワークになった

方向性は定まったが、不安がなかったわけではない。いや、むしろ不安だらけだった。

「こんな地味な内容の本を読む人がいるのだろうか……」

書き進めれば進めるほど、内容に自信が持てなくなっていった。

それでも、なんとかまとめ上げ、出版にこぎつけたが、正直、まったく期待していなかった。

だが、幸運にも私の予想は外れた。

出版直後から増版が相次ぎ、あれよあれよという間にベストセラーになった。

実行重視、現場重視という私の思いに共感してくれる人が数多くいることを知り、私は本当に嬉しかった。

この本がきっかけとなり、**「現場力」は私の信念**となり、**ライフワーク**となった。

■「現場力の本質」は変わらないが、企業を取り巻く環境は大きく変化した

そして、この本も「20歳」となった。

あらためて読み返してみると、著者として口幅ったいが、「けっこういいこと言っているな」と思うことがいくつもあった。内容的には粗削りだが、だからこその迫力がある。

そして、**「現場力の本質」は時が経とうが変わらない**と強く感じている。

とはいえ、いかんせん時代認識が古すぎる。

20年前といまとでは、日本企業が置かれている環境があまりにも違いすぎる。

「現場力」というコンセプトは不変だが、その中身は時代に合わせてアップデートし、進化させなければならない。

そうした思いを込めて、**「新しい現場力」**と銘打って新著を出版することとなった。新著では**「現場力の進化形」**とはどのようなものかについて語っている。

その出版準備を進めているときに、編集者の中里有吾さんから「ロングセラーになっている『現場力を鍛える』も一緒にリニューアルしませんか？」と提案をいただいた。

この本もいつかリニューアルしたいなと思っていたので、同時に進めることにした。

問題は、この本に「何を追加するか」という点である。

「新しい現場力」については新著で詳しく触れているので、その内容とダブらせたくはない。

そこで、私が考えたのが**「現場力の実践」**である。

つまり、**「どうすれば現場力をものにできるのか」**について触れておきたいと思うようになった。

私はこれまでに「現場力」についていくつもの書籍を刊行してきたが、その軸となるのは『現場力を鍛える』と『現場論』の2冊である。

『現場力を鍛える』は「現場力」という言葉を世に問い、概念化させた本である。

そして、その10年後の２０１４年に「現場力」を理論化させた『現場論』を出版した。

当時、私は早稲田大学ビジネススクールの教授を務めており、「現場力」を経営理論として昇華させたいと思っていた。

デンソーなどの協力を得て、**ひとつの経営理論としてまとめることができた**と思っている。

■ 10年間、「現場力強化」を実践するサポートをしてきて

『現場論』を出版したあとの10年間、私はいくつもの会社で経営顧問やコンサルタントとして「現場力強化」を実践するサポートをしている。

経営者や幹部の人たちと議論を繰り返し、現場に寄り添うことによって、**「現場力」という考え方を組織内に浸透させ、主体的かつ自律的に問題解決する現場をいかにつくり出していくか**について微力ながら尽力している。

その経験をもとに、**「どうすれば現場力をものにできるのか」**という実践についての方法論を体系化できれば、多くの企業にとって有益なのではないかと思っている。

「現場力」という考え方を否定する人は少ない。しかし、それを組織内に広げ、浸透さ

せ、定着させることはきわめて難しい。

経営と現場が一体となり、粘り強く取り組むための実践的方法論が必要不可欠である。

その具体事例として取り上げるのは、さまざまなソーシャルサービスを提供するソシオークグループとその一事業会社として学童&児童館事業を手掛ける株式会社明日葉《あしたば》である。

私はこの10年間、アドバイザーという立場で、同グループの現場力強化の取り組みに伴走してきた。

同グループは「現場力」を経営の根幹に据え、粘り強く愚直に鍛え上げ、競争優位にまで高めてきた。

とりわけ、明日葉の躍進には目を見張るものがある。

本書の序章である「素朴な疑問」になぞらえれば、次のように表現できるだろう。

- 明日葉はなぜ売上高を4年間で3倍以上にできたのだろう
- 明日葉の再選定率はなぜ95%を超えているのだろう

――その答えは「現場力」にある。

■より具体的・実践的な内容にリニューアル&新しい章を追加

今回追加する新章では、「どうすれば現場力をものにできるのか」と題して同グループの取り組みを紹介する。その粘り強い取り組みは多くの会社の参考になるものと確信している。

また、分量の多かった第1章を2つに分割し、読みやすくした。これにより、新章と合わせて全6章立てとした。

さらに、新章の追加に合わせて、オリジナル版の第3章(増補改訂版の第4章)をリニューアルさせた。

もともとのタイトルは「『強い現場』をどうつくるのか」だったが、内容的には具体的かつ実践的な示唆に乏しい。

したがって、本章のタイトルを「現場力を高める6つのポイント」と改め、内容も一部改訂した。

追加する第5章以外で使用するデータや事例は、基本的にはオリジナル版のままとしている。現在から見れば内容的にそぐわないものもあるが、当時の時代背景を映すものとしてそのままとしている。

この増補改訂版の刊行に際しては、ソシオークホールディングス株式会社・大隈太嘉志代表、株式会社明日葉・山下高明社長に取材にご協力いただいた。あらためて感謝申し上げる。

「現場力」とは企業競争力の根幹であり、最強の模倣困難性のひとつである。

この増補改訂版がきっかけとなり、「現場力」をものにする企業が増えることを願っている。

2024年6月

遠藤　功

はじめに

■「現場の人たちの反応」こそが分岐点だった

経営コンサルティングの仕事を始めて15年が経とうとしている。

当初は、経営戦略策定の支援を中心としたプロジェクトに数多く携わった。

製造業、サービス業、流通業、金融業などさまざまな業界の大手企業に対して、最も理にかなった競争戦略は何かを明らかにするのが目的であった。

市場分析、競合分析、自社分析など多面的な角度から優位性構築の可能性を探り、それなりに的を射た競争戦略を提言する努力を重ねてきた。

提言した戦略が実行され、結果に結びついた事例も決して少なくないが、その一方で、それなりに理屈にあった合理的な戦略を提言し、経営トップも理解、共感したにもかかわらず、**戦略が思ったようには実行されず、結果に結びついていない**例があるのも残念ながら事実である。

プロフェッショナルとしての仕事をやっていながら、そうした事例があるのは無念だし、この仕事の無力感を感じたときもあった。

時間が経って、結果を出せなかったそれらの事例を客観的に解析してみると、**いくつかの理由**が徐々に見えてきた。

提言した戦略自体の内容に問題があったケースもないわけではないが、決して多くはない。それなりに突っ込んだ分析や考察を多面的に行っており、**合理性の面では理にかなったものを提言してきた**という自負はある。

役員や幹部層に対して納得性を得るプロセスが不十分だったり、社内の抵抗勢力をうまく押さえ込むことができなかった例があるのは認めざるをえない。我々自身の力不足の面もあるし、経営トップのリーダーシップの弱さや組織の構造上の問題がネックとなった面もある。

しかし、いま思い返すと、我々の提言に対する**「現場の人たちの反応」こそが、その後結果が出たか出ないかの大きな分岐点になった**という思いが強い。

■「当たり前のこと」が実際には難しい

結果を出したケースを見ると、**戦略を実行する立場にいる現場の人たちが、きわめて高**

い「当事者意識」を持っていた。

我々の提言に対して、納得すれば素直に反応し、意見が違う場合には徹底的に建設的な議論を仕掛けてくる。

そして、戦略の方向性に合意すれば、あとは自分たちで戦術に落とし込み、必要な準備を行ったうえで、粘り強く実行していく。

もちろん結果が出るまでには、試行錯誤の繰り返しだが、それでも**「一度決めた戦略を実行し、結果を出すのは自分たちだ」**という強い自負を感じた。

現場に主体性があり、自発的に侃々諤々《かんかんがくがく》議論を繰り返し、意見の対立を乗り越えながら、一歩一歩前進させていく**「柔軟な頭脳」**と**「強靭な足腰」**を持っていた。

戦略とは、所詮「仮説」にすぎない。

戦略を具体的な戦術に落とし込み、実行していく過程で検証、軌道修正をしながら、粘り強く結果を出していくことが経営そのものである。

「現場のみんなが当事者意識を持つ」
「現場のみんなが考える」
「現場のみんなが情報を共有する」

「現場のみんなが意見をぶつけ合う」
「現場のみんなが汗をかく」
「現場のみんなが努力を続ける」

こうした一見「当たり前のことを当たり前のようにやっている」企業では、１００％結果が出ている。

しかし、この**「当たり前のこと」が実際には難しい**のである。

残念ながら、結果が出せなかったケースを見ると、現場の当事者意識が低く、社内の対立や摩擦を避けて、本音の議論をしなかったり、過去の自分たちの成功体験を否定できず、新しい考え方に「心を開く」ことができなかった例が多い。

また、変革の途中で何か障害があると、経営トップのリーダーシップや組織・人事上の問題などにすり替えてしまう。せっかくやりはじめても、長続きせず、途中で頓挫してしまい、根気や粘り強さに欠けるといったことも大きな要因であった。

我々コンサルタントの力不足を認めないわけではないが、現場がその気にならなければいくら的を射た戦略を策定しても、所詮**「絵に描いた餅」**で終わってしまう。

経営においては、競争戦略も大切だし、リーダーシップも大切である。

しかし、私が15年のコンサルタント経験で得た結論は、戦略を実現する当事者である現場の持つ力、すなわち**「現場力」こそが最大の競争力の源泉である**ということに尽きる。

■もう一度、自分たちの足元をしっかり見つめ直す

飛び抜けて優れたリーダーが登場して、会社を変える。誰も思いつかないようなユニークで卓越した競争戦略が、会社を勝ち組にする。

たしかに、そうした例は存在するが、正直言ってきわめて例外的である。

カリスマリーダーが登場するのを指をくわえて待っていたり、百点満点の非の打ち所のない戦略を描こうと思っても、それが実現できる会社は限られている。

「ないものねだり」をするのではなく、**もう一度自分たちの足元をしっかりと見つめ直し、自分たちの可能性を最大限に発揮できるよう鍛え直していく**。汗をかき、ぶつかり合い、知恵を絞り、一歩一歩前に進んでいく。

じつは、それこそが日本企業の多くが、いまなすべきことなのではないかという思いを強くしている。

■現場の思考が停止している

ある意味で、**「失われた10年」は「現場力の喪失」と同じことを意味している**と私は考

えている。

バブルの風に煽られた多くの日本企業は、過剰設備・過剰人員・過剰債務の三重苦に喘《あえ》ぎ、とりあえず身を縮め、ダウンサイズすることを余儀なくされた。

しかし、「現場のサイズ（規模）」と「現場の品質」を切り分けて考えた経営者がどのくらいいたであろう。

ただ闇雲に人員削減に走った結果、現場は疲弊するだけでなく、本来伝承すべき現場の思想や知恵まで霧散してしまった。無能な経営者たちは現場のリストラという安易な策に飛びつき、その結果、**現場は本来失ってはいけない組織能力までなくしてしまった**のである。

生き残るために目先のことだけに専念することを強いられた現場は、思考停止状態に陥ってしまった。体はなんとか動いているが、脳が機能していない状態である。

雪印や日本ハム、東京電力などで起きた近年の不祥事は、**「物事を深く考えなくなってしまった現場」**を表す典型的な症例だと言えるだろう。

しかしその一方で、日本にはトヨタや花王のような世界に冠たる「現場力」を誇る企業が引き続き存在する。

これらの企業は景気の善し悪しや、世の中のはやりすたりに関係なく、ずっと**現場を経営の軸足に据えてやってきた企業**である。

いまこそ、ビジネスの原点をもう一度見つめ直して、**「競争力とは何か」「現場力とは何か」を問い直す時期が来ている**と私は考えている。

■ 現場に目線を合わせる

現場力の優劣に気づきはじめてからは、たとえ戦略策定支援の仕事であっても、そのクライアントの現場に目線を合わせた提言をするように心掛けてきた。

もちろん戦略策定だけでなく、業務プロセスの改革や現場に対する意識改革、教育など、より現場力に直結するオペレーションの仕事も数多くこなしている。

戦略の仕事であっても、オペレーションの仕事であっても、コンサルティングの依頼者は社長などの経営トップであることが大半なので、世の中の潮流を見据え、大局的な観点から高い目線で経営を考えることを忘れてはならない。

しかしその一方で、**「経営の実行力は現場に内包されている」**ことも痛いほどわかっている。

どんな特性を持つ現場なのか、どんな組織能力を持つ現場なのかを正しく把握せずに、結果に結びつく提言をすることなど不可能である。

現場に目線を合わせ、現場に深く入っていき、それぞれの持つ現場の本質をえぐり出す

ことが、実行性のある提言につながる。

私は盲目的な「現場礼賛論者」ではない。現場は企業経営の屋台骨であるが、「良い現場」もあれば「悪い現場」もあるのが現実だ。

世の中には、競争戦略やリーダーシップの書物は数多くあるが、オペレーション、すなわち現場の目線から経営を捉えようとする書物は稀有《けう》である。

競争力の源泉となるような「強い現場」とはどんなものなのか。

これまでの経験をもとに整理をしてみたいというのが、本書を書こうとした動機である。

■「ありふれた陳腐なこと」が経営ではとても重要

本書は15年に及ぶこれまでのコンサルティング経験、１００回に及ぶ講演や研修、そして２００３年４月から担当している早稲田大学ビジネススクールでの授業内容をもとに書き下ろしたものである。

コンサルティングを通じて訪問した現場は、ほとんどすべての業種をカバーし、その数も３００カ所を超えている。

その中身を見てみると、モノづくりの現場である工場のみならず、営業所、店舗、研究所、デザインセンター、サービスセンター、コールセンター、病院、住宅展示場、発電所などじつに多岐にわたっている。

本書はそうした現場を観察し、感じたことを率直にまとめたものである。

本書で私が言いたいことは、きわめてありふれた、陳腐なことかもしれない。「何をいまさら」と思われる人も多いであろう。

しかし、客観的な第三者としてさまざまな企業と接してきたこれまでの経験を総括すると、この**「ありふれた陳腐なこと」がとても重要なこと**のように思えて仕方がないのである。

ビジネススクールでは今後、**「現場学」**として体系的な研究をしたいと思っているが、本書はその取っ掛かりとなる視座をまとめたにすぎない。

今後、さらに現場力の本質をえぐり出すような実践的研究を続けていきたいと考えている。

本書を書くにあたっては、これまでにコンサルティングの機会を与えていただいた内外の企業の方々に、謝辞を申し上げたい。とくに、数々の「真剣勝負」の機会を与えていただいたトヨタ自動車の皆様には、トコトンまで考え抜き、やり抜く大切さを教えていただいた。

また、未熟な私と一緒に、難問のプロジェクトに挑んでくれたコンサルタントの仲間にも感謝したい。あるときは現場で泥まみれになり、あるときは知恵を振り絞り、ついてきてくれた。そうした仲間がいなければ、いまの私は存在しない。

最後に、本書を書くにあたってさまざまな支援をしていただいた秘書の桜井裕子さん、適切なアドバイスをいただいた東洋経済新報社の遠藤康友氏、中里有吾氏に感謝を申し上げたい。

日本企業がいま一度、真の国際競争力を甦らせるために、今後とも微力ながら努力を続けていきたいと思っている。

［目次］

現場力を鍛える 増補改訂版

「強い現場」をつくる7つの条件

第3章 「強い現場」の7つの条件

第4章 現場力を高める6つのポイント

第5章

どうすれば現場力をものにできるのか

序章

素朴な疑問

〔良い例〕

●トヨタでは、どうして改善提案が年間61万件も出され、その91%が実行されているのだろう。

●トヨタの海外アフターサービス部門では、どうして10年以上も「改善マラソン」が継続できるのだろう。

●日産では、どうして近年ユニークな新商品を次々と投入できるようになったのだろう。

●花王では、１９８６年から始まったＴＣＲ（トータル・コスト・リダクション）運動がどうしていまだに大きな成果（年間１００億円のコスト削減）を上げているのだろう。

●ヤマト運輸の宅急便の事故率（10万分の1以下）は、どうしてあんなに低いのだろう。

●セブン‐イレブンの1店舗当たりの売上高は、どうして競合他社より30%以上も高いのだろう。

●御茶ノ水の山の上ホテルに滞在すると、面倒なお願いでも、どうしてあんなに親身にみんなで対応してくれるのだろう。

[悪い例]

●新日鉄やブリヂストンの製造現場での重大事故は、どうして起きてしまったのだろう。
●JR東日本の中央線での配線ミスによるダイヤの大幅な乱れは、どうして起きたのだろう。
●多くの企業で鳴り物入りで始まった全社業務改革運動が、途中で頓挫し根付かないのはどうしてだろう。
●せっかく部門横断的な会議を開いても、誰も本音の議論をしないのはどうしてだろう。
●ユニークな商品を出していた企業が、突然ヒット商品を出せなくなるのはどうしてだろう。
●近くの大手スーパーの陳列はどうしていつも乱雑で、整理整頓ができていないのだろう。
●チェーン店の居酒屋で注文したものが出てくるのが遅かったり、注文していないものが出てくることがよくあるのはどうしてだろう。

——その答えは「現場力」にある。

第1章

「強い現場」とは何か

1

「強い企業」の条件

「影」をつくり出す「実体」に目を向ける

世界と伍して戦える競争力を回復するために、日本企業の必死の努力が続けられている。「失われた10年」を取り戻すことは決して容易ではないが、その努力が少しずつ形として表れはじめた企業も散見されるようになった。

成熟化とグローバル化に代表される新たな経営環境の中で、どの企業もグローバルな競争に打ち勝つ「強さ」を手に入れようともがき苦しんでいる。

では、彼らが目指している**「強い企業」**とはそもそも何だろうか。

収益性の高い会社、すなわち「儲かる」会社が強さの証しだろうか。それとも、資本の論理を代表する株価や格付けの高さがものさしとなるべきであろうか。昨今流行のブランド価値の高い会社、顧客満足度（CS）の高い会社はどうなのだろう。

独自性の高いユニークな商品やサービスを開発する「オンリーワン」企業こそが強いとする意見もあるだろう。また、そこで働く人々が生き生きし、活性化している企業こそ強さの証明だという見方もある。

企業をどのような断面で見るかによって、「強い企業」の定義やものさしは変わってくる。

しかし、肝心なことは、いま挙げたような要素、すなわち**「収益性」「株価」「CS」「ブランド価値」といったものさしは、あくまで企業活動の「結果」を測る指標であって、その企業の「実体」を表すものではない**ということだ。

別の言い方をすると、こうした指標は企業に光を当てた結果出る**「影」の部分**にすぎない。「影」の部分だけを見て、「この会社は強い」「あの会社は弱い」という薄っぺらな議論をしていても、決して強い企業をつくり上げることはできない。

「影」に焦点を当てるのではなく、**「影」をつくり出す「実体」に目を向けることこそが強い企業をつくる第一歩**である。

経営品質は「3つの要素」で構成される

「強い企業」とは「高い経営品質を誇る企業」と言い換えることができる。

目先の業績だけにとらわれることなく、持続的な競争優位性の構築に成功している企業は、経営全体の品質がきわめて高い。

経営品質は大別すると、次の「3つの要素」で構成されている（図表1−1）。

①競争戦略の品質

競合他社と差別化し、優位性を構築するためには、その羅針盤となるべき競争戦略の品質がまず問われる。

そもそも、**経営とは自社を「際立たせる」こと**である。

他社にないどのような独自の価値を創出していくのかの戦略シナリオの品質が「経営品質」に大きく影響するのは当然のことである。

②オペレーションの品質

卓越した競争戦略であっても、それが実行され、結果が出なくては意味がない。

図表1-1　経営品質の3要素

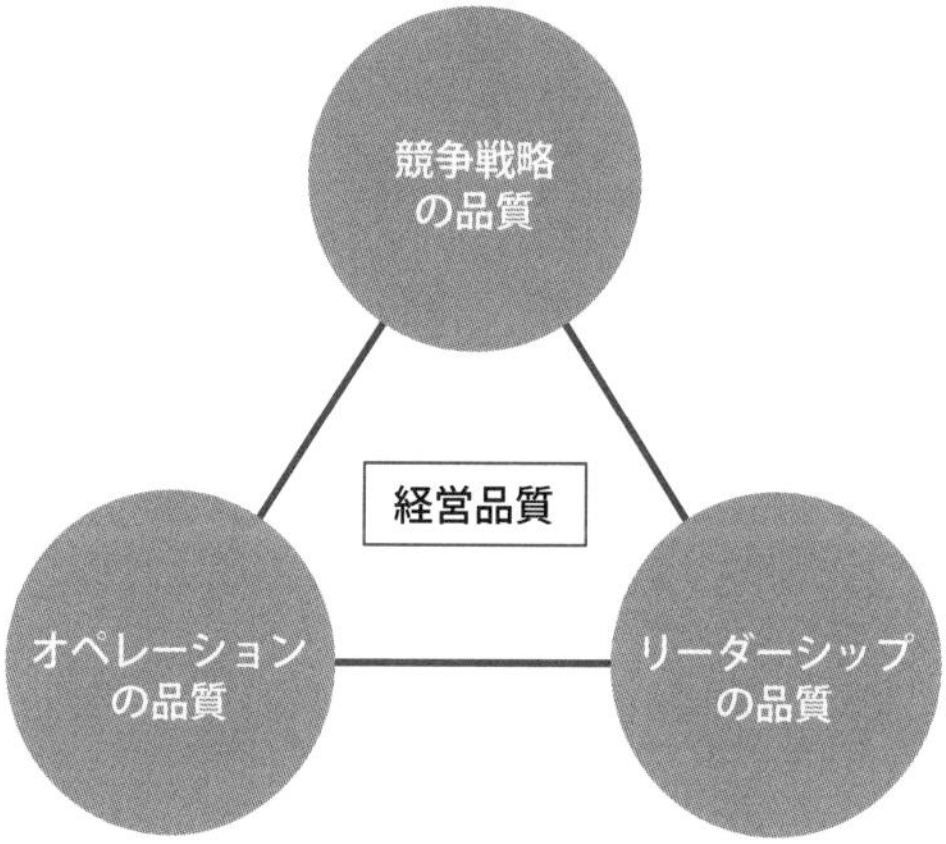

戦略をすばやく、効率的、効果的に遂行する能力に長けたオペレーションがなくては、戦略は「絵に描いた餅」で終わってしまう。

あとで詳述するが、私はオペレーションを、**戦略を遂行する「組織能力」**と定義している。

オペレーションに内包される組織能力こそが「現場力」である。

③リーダーシップの品質

企業が向かうべきビジョンを打ち出し、競争戦略とオペレーションを結合させ、企業としての総合力に昇華させるためには、**卓越したリーダー**が求められる。

中長期の観点から経営の舵取りを行う「司令塔」の役割はきわめて大きい。

経営品質を規定するこの3要素は、それぞれが絡み合っていて、独立した事象ではない。どれかひとつの要素の品質が悪ければ、それは全体の経営品質に悪影響を及ぼす。

一方、3要素が一体化して結合すれば、企業は計り知れない力を発揮する可能性を秘めている。

経営品質を高める、すなわち**「強い企業」を目指すということは、この3要素の品質を磨いていく**ということにほかならない。

要点

企業活動の「影」ではなく「実体」に目を向けよう。
「強い企業」とは「競争戦略」「オペレーション」「リーダーシップ」の3要素の品質を高める努力を続けている企業である。

3つの視点から「勝てる戦略シナリオ」を描く

経営品質を高める第一歩は、合理的な競争戦略を選択することである。

市場環境、潮流、顧客の変化などを見据えて、「勝てる戦略シナリオ」を描かなければならない。

その際には「3つのC」、すなわち、

「Customer（顧客）」
「Competition（競合）」
「Company（自社）」

の3つの視点から、**身の丈にあった最も合理的な競争戦略を立案、選択する必要**がある。

需要が常に供給を上回る右肩上がりの時代には、リーダー企業の戦略を模倣してさえいれば、それなりの業績を上げることができた。あえて独自性や差別化を求める必要はなかった。

しかし、市場が成熟し、グローバル競争が加速する現在では、自社の強み・経営資源を見極めたうえで、他社が真似できない優位性をどう築き、差別化していくのかの戦略シナリオがきわめて大きな意味を持つ。

競争優位を生み出すための基本戦略は3つしかない

マイケル・ポーターは「競争優位を生み出すための基本戦略は3つしかない」と言い切る。その3つとは、**「コスト・リーダーシップ」「差別化」「集中」**である（図表1-2）。

①コスト・リーダーシップ戦略

「コスト・リーダーシップ」とは、スケールメリットや効率化を追求することによって、圧倒的なコスト優位性を確保することである。

品質・機能に差がない場合、誰にも負けないコスト競争力を確立することが鍵となる。

②差別化戦略

「差別化」とは、競争相手にはないユニークで絶対的な価値を徹底的に追求する戦略である。

独自性、オリジナリティに軸足を置いた競争戦略である。

図表1-2 競争優位のための3つの基本戦略

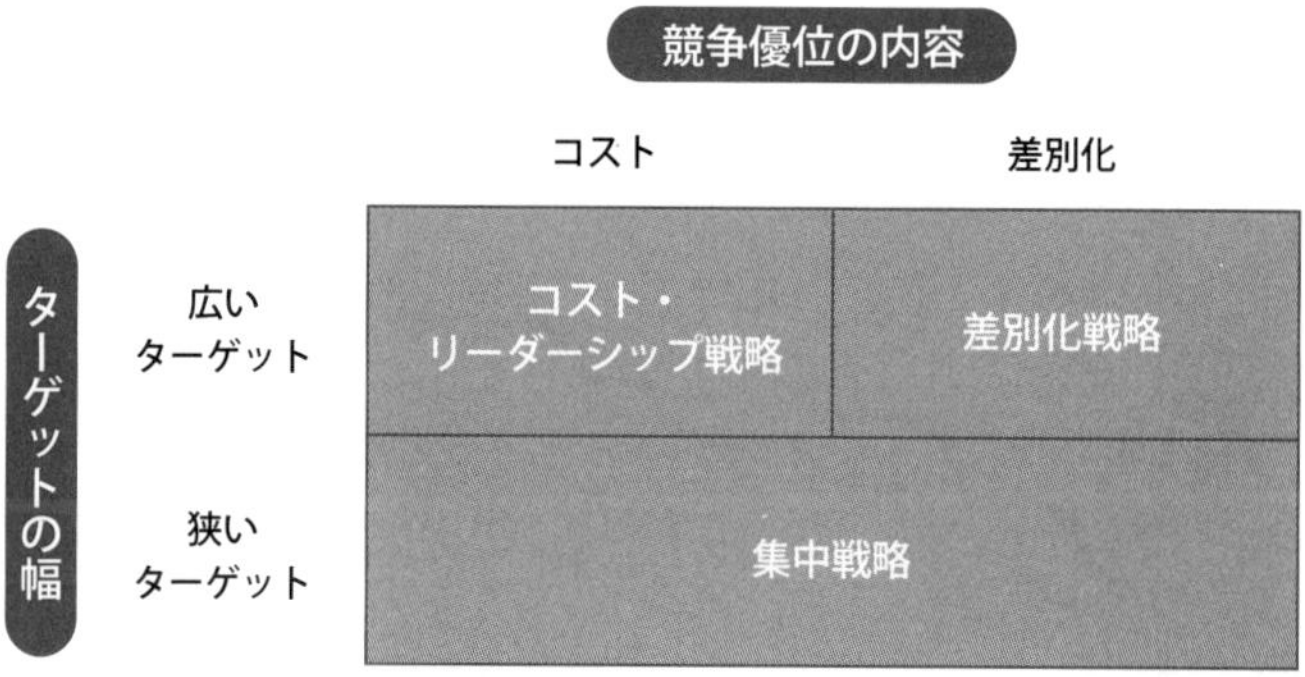

出所：『競争優位の戦略』（M.E.ポーター著）

③集中戦略

「集中」とは、限られた経営資源しか持たない企業が、優位性を構築しうる領域に特化して、集中的に資源配分を行うことである。「この分野では誰にも負けない」という「カテゴリー・チャンピオン」をつくり上げることが、集中戦略の極意である。

トヨタ、花王、キーエンス……それぞれの競争戦略

いま業績のいい「強い企業」は、それぞれが「理にかなった」まっとうな競争戦略を明確にしている。

トヨタは国内市場の成熟化を見越して、海外へ大きく舵を切り、成長と収益の柱に育て

図表1-3　トヨタにおける販売台数推移

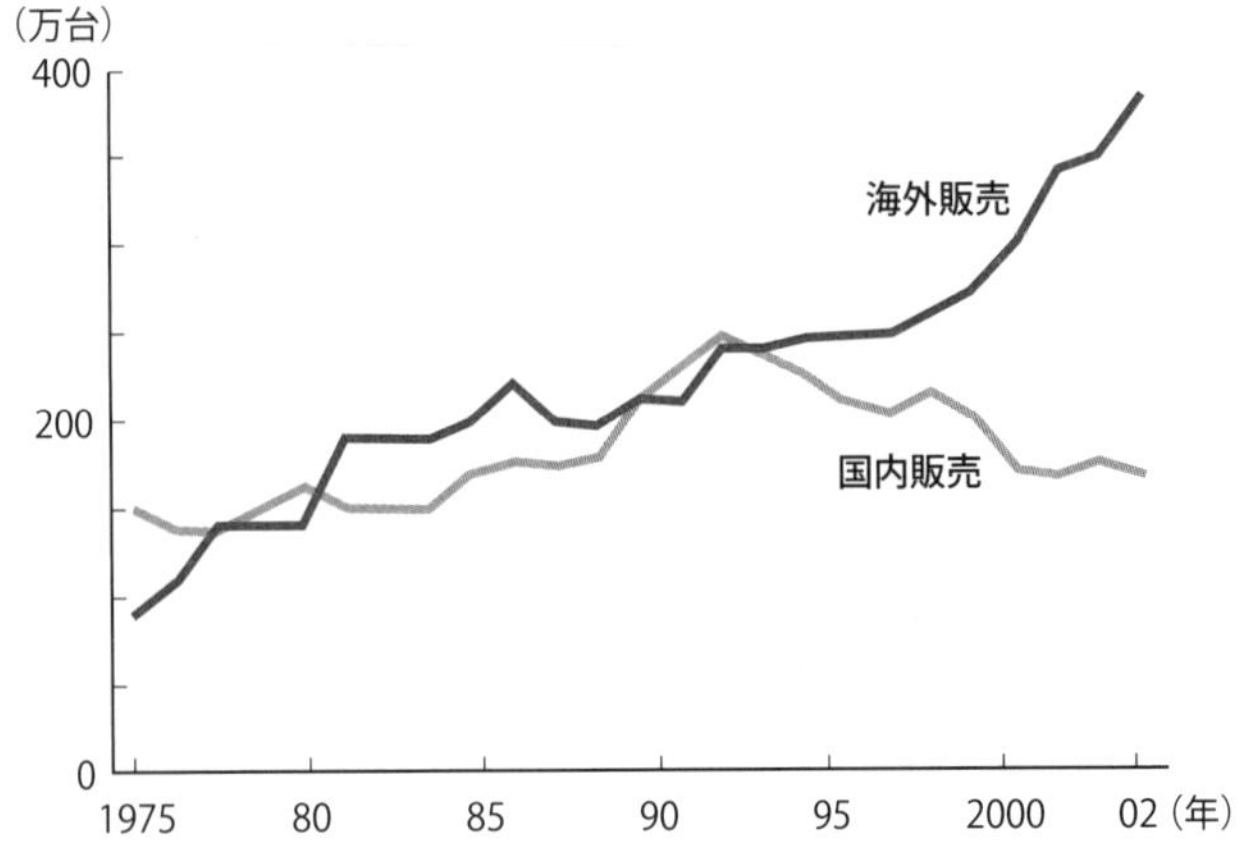

上げた。

実際、成熟化する国内販売は、40%を超える驚異的なシェアを維持・拡大しているものの、台数的には伸び悩んでいる。一方、海外販売は４００万台に迫る勢いで急拡大している（図表1-3）。

その根底には、**グローバル・スケールを確保することによってコスト優位性を維持・強化するという「コスト・リーダーシップ戦略」**が見て取れる。

花王は、それなりの規模に育ったフロッピーディスクなどの情報機器部門からの撤退を１９９８年に決断し、本業である日用雑貨への資源集中を徹底させた。

「捨てる」ことによって、本業での「差別化戦略」に磨きをかけることを宣言するきわめて的を射た経営判断と言える。花王

図表1-4　花王の経常利益／対売上高経常利益率推移

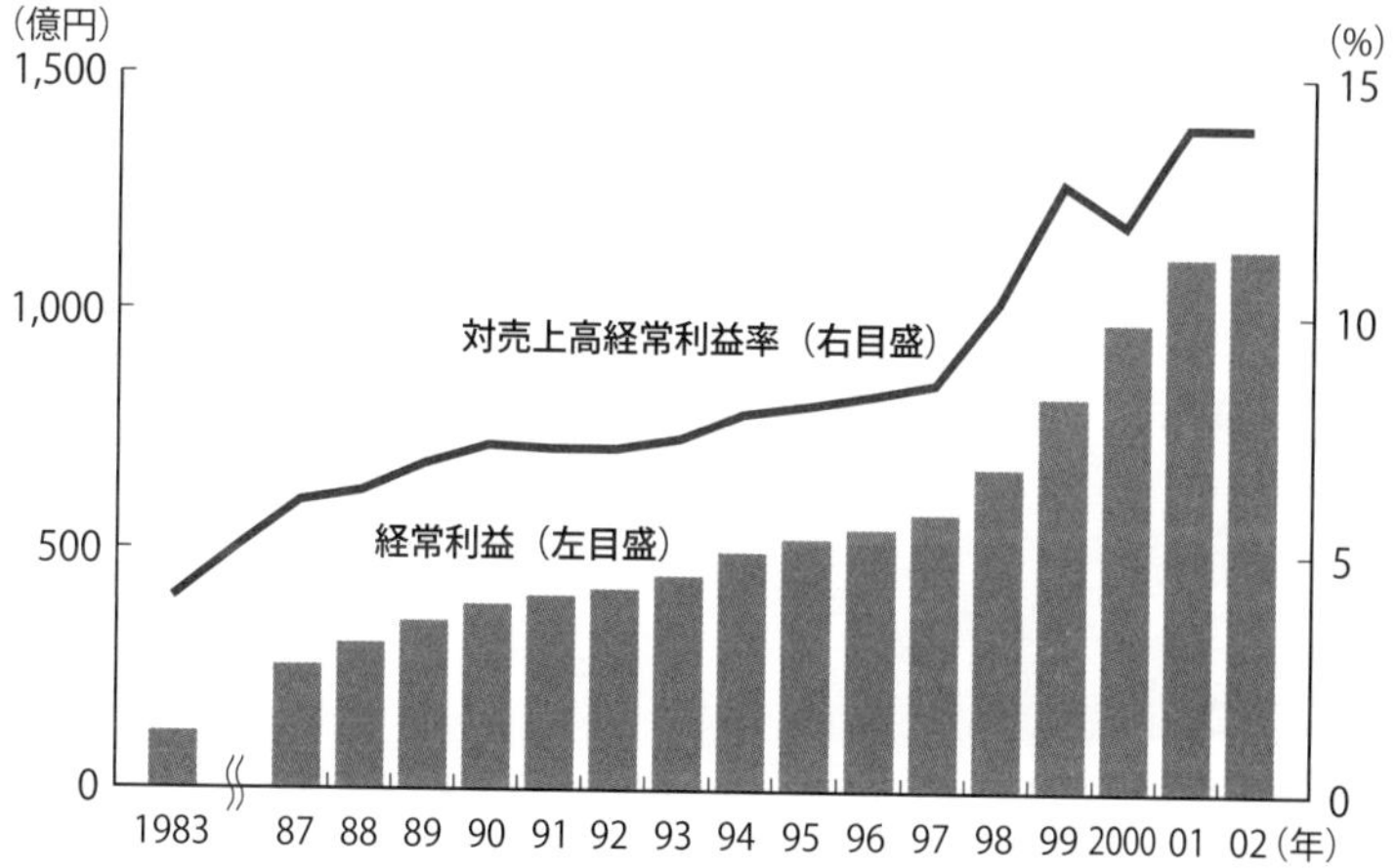

は撤退後も１９８１年以来の連結経常増益を22期連続で続けている（図表１-４）。

「集中戦略」を徹底し、高収益、高株価を実現している企業としては、キーエンス、ヒロセ電機、マブチモーターなどが挙げられる。

それぞれセンサー、コネクター、小型モーターに特化し、専業メーカーとして「小さくてもきらりと光る」きわめて存在感のある会社となっている。売上高はいずれも１０００億円程度の規模だが、20％を超える営業利益率を上げ、１万円近くもしくはそれを超える株価を維持している。

実際、ローランド・ベルガーが行った分析では、**「ニッチャー」**と呼ばれるカテゴリー・チャンピオン企業はリーダー企業を超える収益性、株価を実現しているのであ

図表1-5 大手製造業の分類と収益性・株価（対象：東証一部上場816社）

分類		平均営業利益率	平均株価（2003年4月1日終値）
リーダー	12%（98社）	7.4%	¥2,381
フォロワー	65%（530社）	2.9%	¥381
ニッチャー	23%（188社）	11.4%	¥4,833

出所：ローランド・ベルガー調査、分析

る（図表1−5）。**優位性を構築するためには、理にかなった「正しい」戦略の選択は不可欠**なのである。

要点

身の丈に合った合理的な競争戦略の選択は「強い企業」の絶対条件である。

「正しい戦略」を「正しく実行する」

――実行力が勝負を決める

しかし、いくら合理的で「正しい」競争戦略を打ち出しても、それが実行されなくては意味がない。

競争に打ち勝つために、企業としてやらな

くてはいけない方向性が明示されているにもかかわらず、**現場レベルで戦略を戦術に落とし込み、具体的なアクションを展開することが十分にできていない企業が非常に多い。**

ゴーン社長が就任する前の日産自動車がその典型であろう。

ゴーン社長の打ち出した「リバイバルプラン」の内容の大半は、それ以前に打ち出されていた経営計画に何度も盛り込まれていたものである。経営として何をしなくてはいけないかはすでに自明であった。

しかし、当時の日産にはその**「正しい」戦略を実行する組織能力に問題があった。**

当時日産が抱えていたのは、競争戦略の問題ではなく、戦略を実行する組織能力としてのオペレーションに致命的な欠陥を抱えていたのである。

ゴーン社長はそのことを見抜いていた。

だからこそ、「正しい戦略」を練り上げるのに時間をかけるのではなく、**「正しい戦略」を「正しく実行する」**ことに知恵を出し、エネルギーを割いたのである。

縦割り組織の弊害が蔓延し、官僚化した組織の中で、機能横断的なクロス・ファンクショナル・チーム（ＣＦＴ）を組織化し、タコツボを破壊した。

過去の成功体験に染まった幹部層を排除し、若くてやる気のある30代、40代前半の人材をリーダーに登用した。明確でわかりやすい目標を設定し、日産の現場が持つ潜在力を引き出し、名門企業としてのプライドを甦らせた。

とかくカリスマリーダーとしてのゴーン社長に目が行くが、成果を生み出しているのはあくまで日産の現場である。

ゴーン社長のリーダーシップと現場の底力があってこそ、日産の奇跡の復活は実現されたのである。

経営として「正しくやりきる」ことに目を向ける

「正しく実行する」ことの重要性は、日産のような製造業だけに限らない。

コンビニエンス・ストア（ＣＶＳ）業界で断トツの売上高、利益を誇るセブン‐イレブンの強さも、その**「実行力」**にある。

店舗の立地、店頭の品揃えや価格を比べてみても、セブン‐イレブンがほかのコンビニより格段に勝っているとは思えない。

しかし実際には、セブン‐イレブンの1店舗当たりの売上高は、主要競合企業より30％以上も高いのである（図表1‐6）。

ＣＶＳでは、どの企業もＰＯＳデータを活用した売れ筋・死に筋管理を行っている。

図表1-6　主要CVSの1店舗当たり売上高（2003年8月中間期実績）

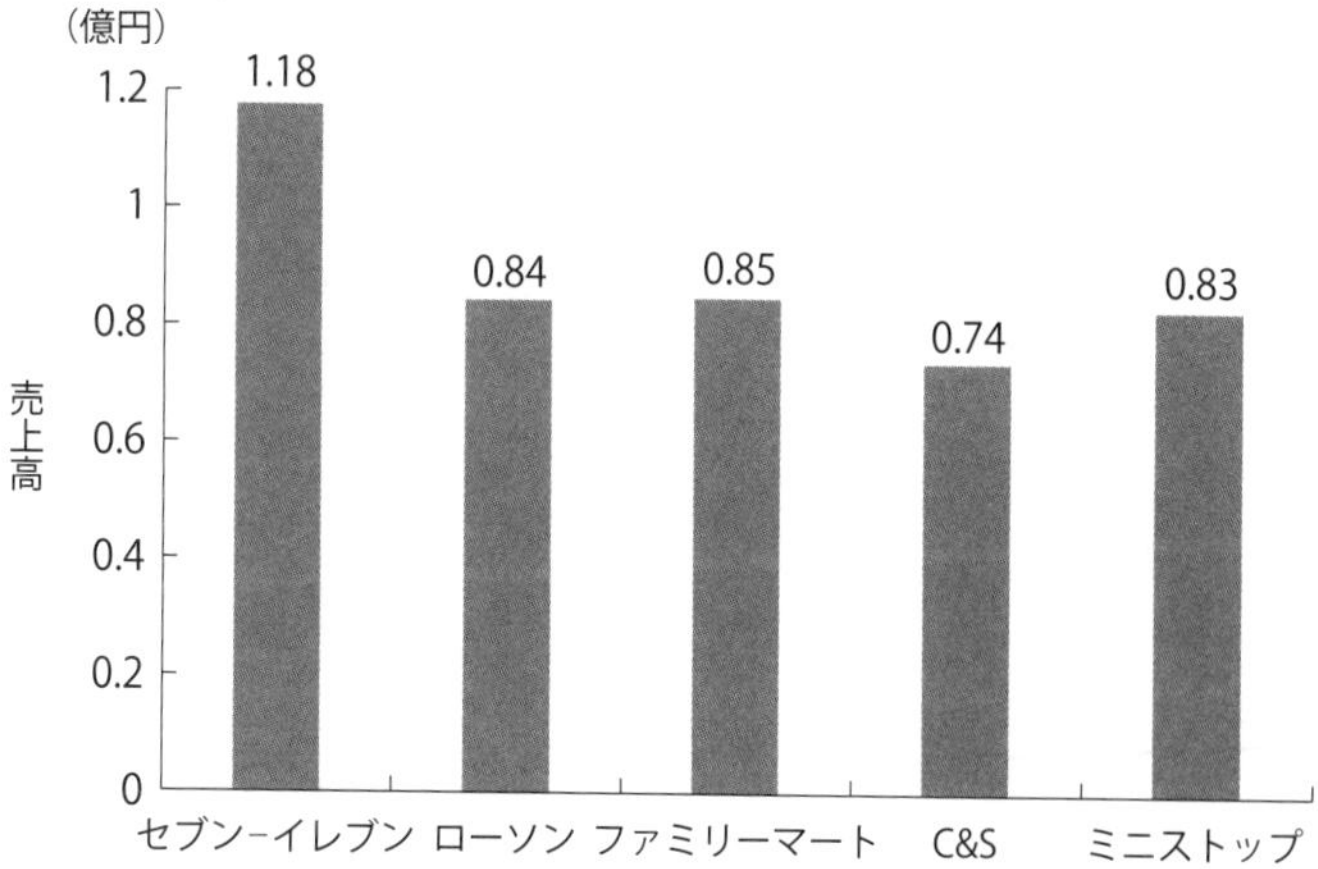

出所：日本経済新聞社

しかし、たんにデータを集め、分析するだけでは、実際の「売り」にはつながらない。

データにもとづいた柔軟な仕入れ、店頭での商品の入れ替え、陳列の工夫など**「現場での対応力」こそが鍵**である。

他社を凌駕するセブン-イレブンの業績は、卓越した実行力によって支えられているのである。

「正しい戦略」は重要だが、それ自体には実行性は担保されていない。

いまこそ、**経営として「正しくやりきる」ことに目を向けなければならない**。

ヤマト運輸の小倉昌男前会長は、こう指摘している。

「事業発展の鍵は、あくまで『①努力』『②人材』『③経営戦略』の順である」

要点

正しい戦略を正しくやりきる。それが経営である。

「逆ピラミッド」の発想が重要

「経営品質」を規定する3要素として、「競争戦略」「オペレーション」「リーダーシップ」が挙げられると説明した。

リーダーシップを、リーダーが提示する「ビジョン」に置き換え、「ビジョン」「競争戦略」「オペレーション」の3層によって構成される「ピラミッド」として経営を捉えるのが一般的な考え方である（図表1−7）。

図表1-7　経営を構成するピラミッド

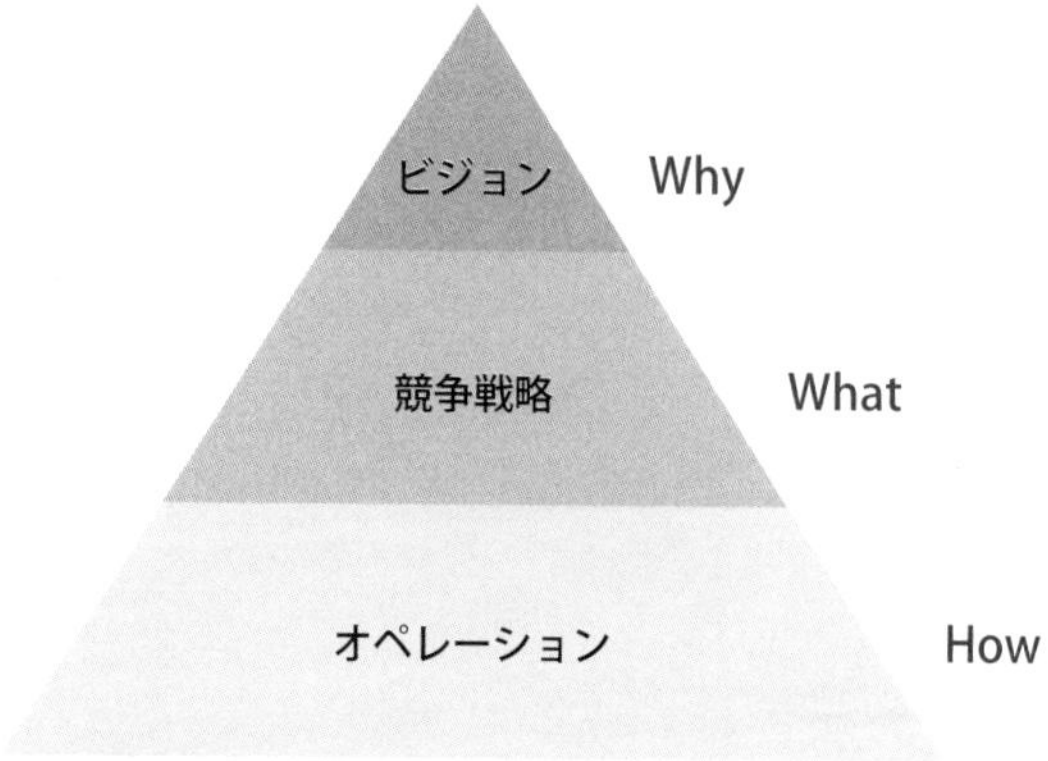

①ビジョン＝Why

最上位の概念として、企業の存在意義や目的を規定する**「ビジョン」**が存在する。「なぜ」この会社は存在するのかを定義する**「Why」**を明らかにするものである。

②競争戦略＝What

「競争戦略」は、この会社は「何を」具体的な価値として生み出していくのか、すなわち**「What」**を明示するものである。

③オペレーション＝How

そして、一番下に位置付けられる**「オペレーション」**は、「どのように」価値を生み出していくのか、すなわち**「How」**を規定している。

図表1-8　逆ピラミッド

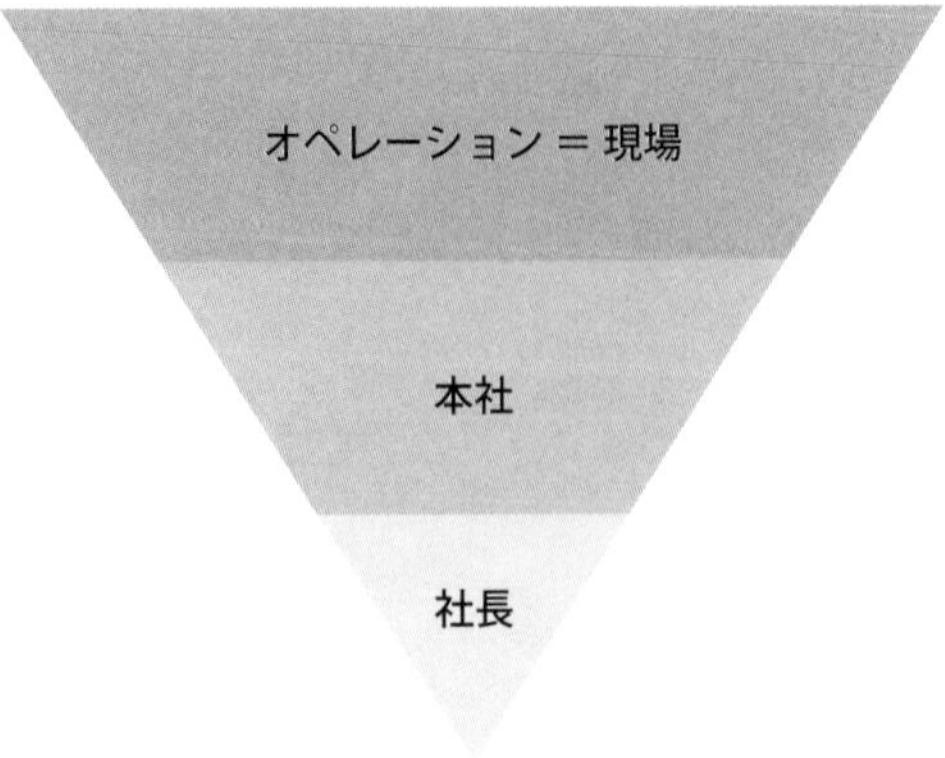

しかし、経営の実行性を考えるうえでは、このピラミッドは適切ではない。

「ビジョン」や「競争戦略」が常に上位概念として捉えられ、「オペレーション」はたんにそれらを具現化するだけの部分にすぎないと軽視される傾向があり、実際に「現場への丸投げ」となっている企業も少なくない。実際には新たなビジョンや戦略を打ち出しても、それが実行されず、結果を出せない企業は山ほどある。

そうした企業は、経営を考える発想そのものを根本的に変える必要がある。

経営の実行性を考える際に必要なのは、**「逆ピラミッド」の発想**である（図表1-8）。ビジョンや戦略自体に実行性は担保されていない。

競争戦略を「正しくやりきる」主役はあく

まで企業におけるオペレーションを担う現場であり、**現場こそが企業価値を生み出す主役である。**

オペレーション、すなわち現場こそが常に最上位に規定され、本社や経営者は現場を下から支援する存在にすぎないと考えるべきである。

ドン・キホーテの「主権在現」という言葉
――「ビジネスの主権は現場にある」

12期連続増収増益を果たしたドン・キホーテには**「主権在現」**という言葉がある。**「ビジネスの主権は現場にある」**という意味であり、現場への権限委譲を徹底させている。

「現場が面白がって仕事をしていない店舗に魅力があるはずがない」

同社の安田隆夫社長はそう断言する。

「現場ができない仕事を社長を含め、本部が委託してやっている」という発言は、まさに逆ピラミッドにもとづいた経営の実践である。

ドン・キホーテに限らず、実行力のある企業は「自分たちで能動的に問題を発見し、解決しようとする強い現場」を持っており、結果の出ない企業はただたんに言われたこと、決められたことをこなすだけ、時にはそれさえ満足にできない現場に振り回されている。

現場が企業価値を生み出す当事者であり、現場力こそが競争力の源泉であることを再確認しなければならない。

「正しいことを正しくやりつづける」ことができるか

ただし、真に「強い企業」を目指すためには、「正しいことを正しくやりきる」だけでは不十分である。

たまたまユニークな戦略が功を奏したり、経験のある優れたリーダーを外部から招聘《しょうへい》し、一時的に業績を高めることができたとしても、それが**一過性のものであれば「強い企業」とは呼べない**。

トヨタ、花王、セブン-イレブン、ヤマト運輸といった**「強い企業」が共通して目指しているものを平たく言うと、「正しいことを正しくやりつづける」ことのできる企業**である。

市場環境や顧客の変化、競争の変化に伴って、「正しいこと」すなわち「身の丈に合った競争戦略の内容」は変化していく。

今日正しいことが明日正しい保証はどこにもない。

同様に、「正しくやりきる」というその手法やプロセスも進化していかなければならない。結果を出しているいまの仕事のやり方や考え方が明日も有効である保証などどこにもない。

環境が変わろうと、企業のリーダーが変わろうと、従業員が変わろうと、**常に「正しいこと」を見極め、「正しくやりつづける」努力を惜しまない企業こそが本質的に「強い企業」**であると断言できる。

そして、「正しくやりつづける」ことを追求する主体は、あくまで現場なのである。

要点

経営は「逆ピラミッド」で考えろ。

正しいことを正しくやりつづけることこそが、競争力の本質である。

2 「現場力」とは何か

現場力とは「組織能力」である

「正しいこと」を「正しくやりつづける」ためには、どうしたらよいのだろう。

「正しいこと」すなわち合理的な戦略を選択するためには、経営者、各事業部門のトップ、戦略スタッフが多面的な視点から自社に適した最も妥当性の高い戦略シナリオを導き出さなければならない。

そのためには、**潮流を読む力、戦略発想、構想力を磨かなければならない**。

真に差別化され、ユニークでありながら、身の丈に合った競争戦略を組み立てるのは決して容易な作業ではない。

しかし、そこで導き出された**「正しい」戦略を「正しくやりつづける」ことはより難易度が高い**。

そもそも、戦略を正しくやりつづけ、結果を出す主体は経営者でもなければ、戦略スタッフでもない。その実行主体は企業のオペレーションを担う「現場」である。

オペレーションというと、たんに日常業務をこなすだけの戦略性の低い企業活動と捉えられがちだが、**現実にはオペレーションの優劣が企業の業績を大きく左右している**と言っても過言ではない。

そして、**企業のオペレーションには、戦略を軌道修正しながら遂行する「組織能力」が内包されている**。

これを私は**「現場力」**と呼ぶ。

オペレーション力とは、すなわち現場力のことである。

現場の持つ「湧源性」を刺激し、その持っているパワーを最大限に引き出す

強い企業は、打ち出されたビジョンや戦略を咀嚼《そしゃく》し、具体的な戦術に落とし込んで実行し、その過程において浮かび上がってくるさまざまな問題点を当事者として解決する能力に長けた現場を持っている。

この**自律的、能動的なパワー**こそが、現場という組織が本来持っていなければならない力なのである。

数学のノーベル賞といわれるフィールズ賞を受賞した京都大学名誉教授の広中平祐氏は、人間の持つ可能性についてこう語っている。

「人間は生まれながらにして、湧き出る泉の根源のようなものをもっている。その根源を『湧源』という。機械と違って、人間は総て湧源性をもって生まれる。その湧源性が活性化されているか押しつぶされているかどうかで、能力や生き甲斐に差が生まれる」

この「湧源」という考え方は、人間の集団である現場にもそのまま当てはめることができる。

湧源性があふれている現場では、湧き出る泉のように知恵や創意工夫が次々と生まれ、活性化している。

一方で、「湧源性の退化した国家では、創造よりも批判が活発になる」と広中氏は指摘する。当事者意識に乏しく、実行の伴わない論評だけをする人間が闊歩《かっぽ》する現場は、湧源性が枯渇し、競争力を失っていく。

現場の持つ「湧源性」を刺激し、その持っているパワーを最大限に引き出すことが、現場の組織能力を高めることにつながる。

> **要点**
>
> 企業のオペレーションには、戦略を軌道修正しながら遂行する「組織能力」が内包されている。
>
> 現場で起きるさまざまな問題点を能動的に発見し、解決する。その力こそが「現場力」である。

現場は工場だけではない
——顧客への価値創造を担い、実践している活動拠点すべてが現場

現場というと、モノづくりを担う生産の現場をイメージすることが多い。

しかし、製造業においても、現場は工場だけではない。

研究・開発の現場、調達の現場、営業の現場、アフターサービスの現場など、**顧客への**

図表1-9　トヨタの両輪

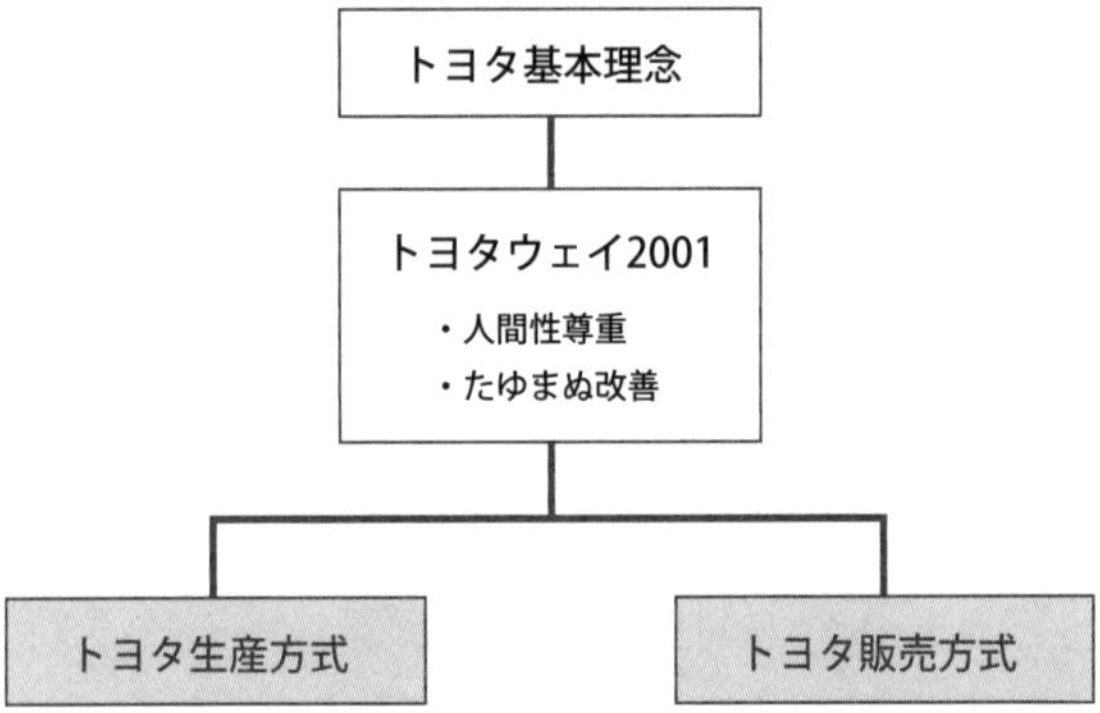

価値創造を担い、実践している活動拠点すべてが現場であり、そこには現場力が内包されている。

トヨタというと、モノづくりのトヨタ生産方式が有名であるが、じつはトヨタには生産方式と両輪となる**「トヨタ販売方式」**が存在する（図表1-9）。

トヨタがこれまでに培ってきたマーケティングや営業、アフターサービスの現場における独自のノウハウや考え方に焦点を当てたもので、販売やカスタマーサービスにおける現場力をさらに向上させようとする取り組みが、日本国内のみならずグローバルに展開されている。

「販売の神様」と呼ばれた神谷正太郎氏らが培った販売の精神を伝承し、進化させていこうとするその情熱は半端なものではない。

トヨタの強さの源泉は、**「トヨタウェイ」と**

呼ばれる独自の理念や価値観が、生産のみならず、営業や調達、経理や人事労務といった、ほかの機能分野においても体現されていることである。

現場力はすべての業種に当てはまる

また、現場力の重要性は製造業に限ったことではない。

むしろ、**企業活動の大部分がオペレーションであるサービス業においてこそ、現場力の強化は経営にとって最大のテーマ**だと言える。

百貨店やスーパー、ＣＶＳなどの流通業、航空や電鉄などの運輸業、倉庫や運送などの物流業、ホテルやレストランなどの観光・飲食業。こうしたサービス業においては、オペレーション力、すなわち「現場力こそが競争力」と言っても過言ではない。

物流業においては「輸送品質」そのものが経営品質であり、ホテルやレストランでは「サービス品質」そのものが経営品質となり、流通業においても、「店頭品質」イコール経営品質となる。

現場の自覚と自律を促し、現場力を高める

前出のドン・キホーテでは、仕入れから、値段の決定、売り場の演出方法など、オペレーション活動のほぼ１００％を売り場の担当者にまかせている。

売り場担当者が決めた商品の値段は、店長ですら変更できないという。

その狙いは、**現場の自覚と自律を促し、現場力を高める**ことにある。

安田社長は、こう断言する。

「本部が仕入れた商品だと、現場は『売れない言い訳』ができる。それでは人は育たないし、現場の力は伸びない」

神奈川県でホンダ系販売店を18店舗展開しているホンダクリオ新神奈川は、ホンダが毎年実施するＣＳ調査で全国のホンダクリオ系列で6年連続ナンバーワン、グループで展開するベルノ大和も7年連続で同系列のトップを達成している。

同社の相澤賢二社長は「要は、来店客の居心地がよくなる知恵を現場が出し、彼らがそれを実践する風土をつくることだ」と言っている。

店内は華やかな飾りつけをして、明るく演出しているが、こうした造作に取り立ててお金をかけているわけではない。テーブルクロスにしても、従業員が自分で縫ったものだという。

その原点にあるのは、**「喜ばれたい」「褒められたい」という根源的な現場の欲求**である。現場で人間が仕事に従事する限り、業種の如何《いかん》を問わず、現場力は存在し、その優劣が企業の競争力を規定するのである。

要点

すべての業種、すべての機能に「現場力」は存在する。
そして、その優劣が企業の競争力を大きく左右する。

現場力の勝利

『読売新聞』で連載されていた「丸の内物語」に建築現場の現場力を示す興味深いエピソードが紹介されていた（２００３年9月25日）。

東京駅前に２００３年5月にオープンした地上30階建ての「日本工業倶楽部会館・三菱信託銀行本店ビル」は、１９２０年（大正9年）に完成した日本工業倶楽部会館のモダンな建物の上に、現代的なタワー棟が覆いかぶさるようなユニークな構造をしている。

この規模のビルの建て替えには、通常40カ月近くを要するというのが業界の「常識」だと言われている。

しかし、この建設現場を取り仕切った大成建設は、細部に至るまでの現場の作業手順を抜本的に見直し、「常識破り」の27カ月で工期を終了した。

最盛期には、１０００人を超える作業員が昼夜を分かたず働きつづけた。

閉じ込められたような状況下で時間との戦いに追われる毎日に、現場にはストレスが充満したが、目標達成に向かって力を結集させたという。

「現場の知恵と努力次第で、工程表上の限界は打ち破れる」

プロジェクトを仕切った大成建設のリーダーは、現場の持つパワーを再認識したという。

まさに、**現場力の勝利**である。

こうしたビル建設やダム・発電所の建設などの大型プロジェクトにおいて、現場の力がそれまでの「常識」や「定説」を覆す画期的な成果を残すことは多い。世界に誇るような大型案件の成就に向けて、現場がひとつにまとまり、新たな知恵が湧き上がってくる。

その一方で、こうした大型プロジェクトに比べると、定常的・日常的な作業を繰り返すことを求められる一般の現場は、惰性に流れ、パワーや知恵が現場から生まれてきにくいと認識されている。

たしかに、納期や工期が定められている大型プロジェクトでは、「火事場の馬鹿力」的なエネルギーが生まれてくる余地は大きいが、「普通」の現場ではどうしても日常性に流されがちである。

しかし、だからこそ**日常的な業務を行う現場を意識的に鍛え上げ、自ら問題を発見し、解決する現場にしなければならない**のである。

問題のない現場は存在しない

大型プロジェクトの現場であろうと、日常業務の現場であろうと、**問題のない現場は存在しない**。

重要なのは、そうした**問題を日常性の中に埋没させずに、どんな小さな問題であろうと鋭敏に反応する感受性と実践する行動力を現場に埋め込む**ことである。

たとえば、トヨタの生産現場での改善、セブン-イレブンの店頭での売れ筋・死に筋管理などは、きわめて日常的な業務の連続である。

その日常性の中で、問題点や変化を察知し、仕事のやり方や店頭の品揃えを進化させていく現場の能力こそが、優位性につながっているのである。

18年ぶりのセ・リーグ優勝を成し遂げた阪神タイガースの星野前監督は、ゲーム差が開き、緊張感を失いがちな選手たちに、「緩むな」と声をかけつづけた。

日常性の業務は単調になりがちであり、放っておくと現場の思考を止めてしまう。

日常だからこそ、「緩まない現場」をつくり上げることが競争力につながるのである。

要点

日常業務を行う現場こそ、「現場力」を鍛えなければならない。
日常性の中に埋没しない「緩まない現場」が競争力に直結する。

現場力の企業間格差は、競争戦略の優劣よりはるかに大きい

——結果を出す企業に共通する5つのポイント

経営コンサルタントとして数多くの企業と接し、数多くの現場を訪ねてきたが、それぞれの企業が持つ現場力には歴然とした差がある。

立派なビジョンや戦略が打ち出されても、まったく実行されずに「絵に描いた餅」で終わってしまう企業がある一方、最初の戦略は十分に練りきられていなくても、現場がたちまちのうちに知恵を出しながら実行し、その結果を反映しながら戦略そのものも進化させていく力強い現場を持つ企業も存在する。

現場力の企業間格差は、競争戦略の優劣よりはるかに大きいと言える。

「正しくやりきる」とは、言い換えると**「当たり前のこと」を全員が最後まできちんとやりきる**ことである。

結果を出している企業に共通する「当たり前のこと」は、次の5つのポイントに凝縮される。

①「結果を出すのは自分たちだ」という強い自負・誇り・当事者意識を現場が持って

いる
②現場が会社の戦略や方針を正しく理解・納得し、自分たちの役割をきちんと認識している
③結果を出すために、組織の壁を越えて結束・協力し、知恵を出し合う
④結果が出るまで努力を続け、決して諦めない
⑤結果を出しても奢《おご》らず、新たな目標に向かってチャレンジしつづける

ここに挙げたポイントは、一見小学校に掲げられている標語に似て、特別なことでも何でもない。きわめて陳腐で常識的なことである。

しかし、この**「当たり前のこと」ができずに、苦しんでいる企業が多いのが実態**なのである。

コストダウン、商品やサービスの品質向上、商品開発のスピードアップなど、企業の優位性に直結する多くの要素が、現場力によって規定される。

そこには歴然とした「能力格差」があるのだが、ダメな経営者は自社が劣っている理由を現場の怠慢のせいだと短絡的に認識する。

しかし、本当の理由は、**現場が「しない」のではなく、現場にその能力がない、すなわち現場が「できない」**のである。

この認識の有無が決定的な差となる。

現場は「しない」のではなく「できない」。だから訓練を積むしかない

「しない」と認識すれば、現場に対する管理を強めることになるだろう。現場は反発、疲弊し、現場力はより荒廃するハメになる。

一方、「できない」と認識すれば、できない理由を解明しながら、組織としての訓練、努力を粘り強く積み重ねていくことになる。

最初はできなかったことでも、**努力、経験、知恵の積み重ねによって現場力は間違いなく一段ずつ高まっていく**。

企業活動における「体」の部分を担っているオペレーションは、人間にたとえて考えれば理解しやすい。

どんなにポテンシャルのあるアスリートであっても、体を鍛え、訓練・練習を積み上げない限り、優れた成績を上げて、競技に勝ちつづけることはできない。

オペレーション力、すなわち現場力も同様である。

経営者が「業務のスピードを上げろ」「商品やサービスの品質を上げろ」と叫んでも、

その当事者である現場はそう簡単にはできないのである。

「しない」のではなく「できない」のだと理解すれば、そのできない理由を掘り下げて、課題を潰し、できるよう訓練を積むしかない。**現場力は「組織能力」であり、アプローチを間違えずに粘り強く訓練すれば、必ずその能力は高まる。**

怒鳴り声をあげて、叱咤激励するだけでなく、「組織能力」を向上させるための合理的な取り組みをする必要がある。

現場の「組織能力」を、どう高めていくか

事務用品メーカーであるプラスの社内ベンチャーからスタートしたアスクルは、1998年の分社化以降5年間で売り上げ規模を10倍にするという急成長を続けている。

卓越したその戦略やマーケティングに注目が集まるが、じつはアスクルの急成長を支えているのは、類まれなるオペレーションの高度化である。

売上高が10倍になった結果、取り扱い商品アイテム数は3倍に膨らみ、物流センターの数も1カ所から5カ所へと拡大した。

にもかかわらず、在庫は抑制され、品切れ率は大幅に改善している。

情報技術を駆使し、需要予測の精度を高め、業務スピードをさらに速めようとする不断の努力なしに、アスクルの成功はありえない。

注意しなければならないのは、ここで言う**現場力とは決して個々の人材の差ではない**ということである。

従業員一人ひとりと話すときわめて優秀なのだが、組織としてまとまった力に昇華されていない企業は、じつに多い。

その一方で、一人ひとりは派手ではないが、チームとしてまとまり、粘り強く目的を遂行している企業もある。

「逆ピラミッド」の構成を見てもわかるように、**戦略の実行については、社長はきわめて無力**である。

もちろん、現場がやりやすい環境を整えたり、鼓舞する仕掛けなど経営者が担うべき役割があるが、**最後に結果を出すのは、あくまで現場**である。

どんなに素晴らしいビジョンや戦略を掲げようが、現場に目が行かず、現場力を高める知恵も工夫もない企業が業績に苦しむのは至極当然のことである。

現場の「組織能力」をどう高めていくのか。

「強い企業」に変身できるかどうかの鍵は、ここにある。

要点

「現場力」の企業間格差は歴然としている。

個々人の能力だけに頼るのではなく、組織能力としての「現場力」を磨かなければならない。

「業務連鎖」という視点――現場が「できない」最大の障害

それでは、**数多くの現場が「できない」最大の障害**は何なのだろう。

言うまでもないが、企業のオペレーション、すなわち現場は数多くの人間による「共同作業」によって成り立っている。

しかも、そうした共同作業は、縦割りになっている組織の壁をまたがって遂行されることが多い。

これを**「業務連鎖」**と呼ぶ。オペレーションとは横につながった**「業務の鎖（チェーン）」**のことであり、**「一気通貫の仕事の流れ」**のことである（図表1―10）。

図表1-10　業務連鎖の考え方

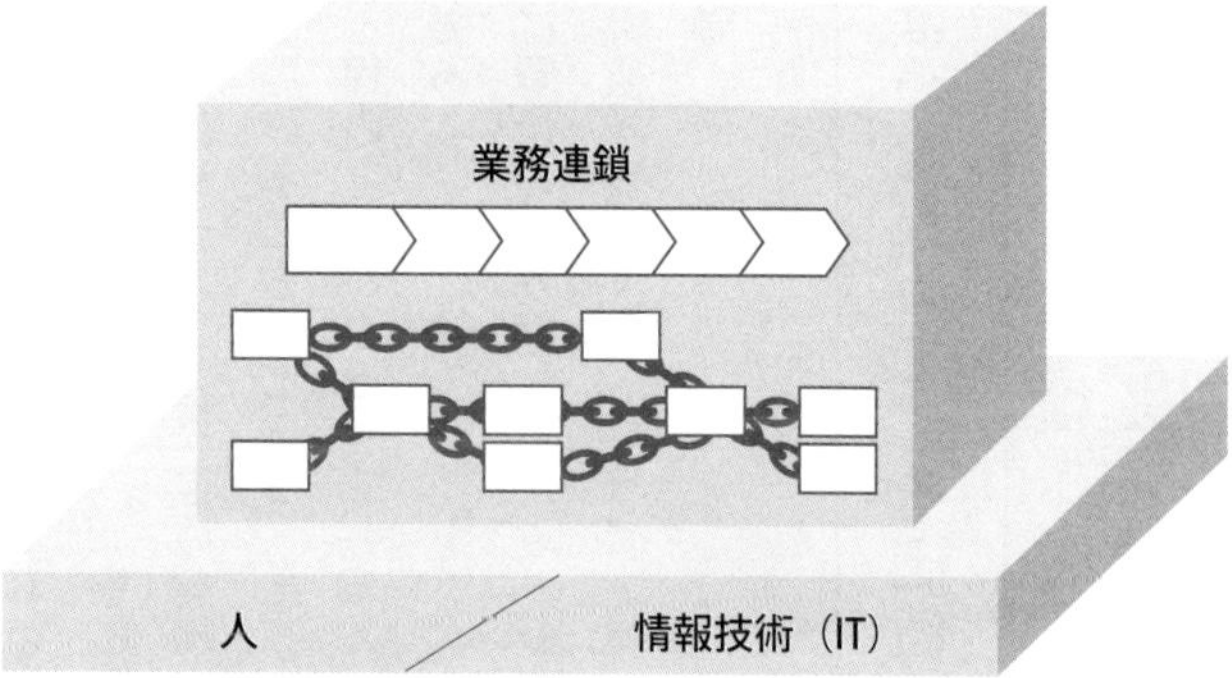

自己完結的に完了する業務であれば、その業務に携わる個人の能力・やる気に依存することになるが、「業務連鎖」には数多くの人が介在するだけでなく、組織をまたがって遂行されるという特性がある。

　横につながった業務がスムーズに、効率よく遂行されるためには、その連鎖に関わるすべての人が自分の業務だけを見るのではなく、**チェーン全体の品質を意識しなければならない**。

　誰かひとりがミスをしたり、遅れたりすれば、チェーン全体の品質が劣化する。

運送業が「業務連鎖」の典型的な例

　典型的な例として、運送業を考えてみよう。

運送業の仕事とは、単純化していえば、お客様からお預かりした荷物を約束した期日までに特定の相手先に届けることである。

しかし、その工程にはそれぞれの役割を担った数多くの作業従事者が関与する。

お客様から荷物を預かる人、中継基地であるデポで仕分けをする人、長距離輸送を行う人、相手先に配送する人などの業務が**「ひとつのチェーン」**としてつながってはじめて荷物を送り届けることができる。

その工程のどこか1カ所でもミスや遅れがあったら、お客様に約束通り荷物を届けるのは困難である。

まさに駅伝のような「たすきリレー」である。

輸送品質を確保するということは、全体の輸送プロセスを常に最適なものに維持することである。

仕事はつながってこそ価値を生む

運送業はまさに輸送プロセスそのものが企業の品質を表す典型的な例であるが、じつは一般の企業もそのオペレーションは、さまざまな「業務連鎖の集合体」なのである。

現場力とは、**放っておくと途切れたり、部分最適になってしまう「業務の鎖」の結束を**

強め、一連の仕事の流れから生み出される価値を最大化する「組織能力」と言い換えることができる。

トヨタには**「前工程は神様、後工程はお客様」**という言葉がある。

前工程では自分ができない仕事をやってくれているから「神様」、後工程は自分の仕事を引き継いでくれるから「お客様」という考え方である。

同様に、ヤマト運輸の小倉昌男前会長は、**「前だけでなく、後ろにも、横にも目をつけろ」**と指摘する。

「仕事はつながってこそ価値を生む」という業務連鎖の思想が、こうした言葉には込められている。

要点

組織の壁をまたがる一気通貫の仕事の流れ、すなわち「業務連鎖」こそが、「現場力」の鍵である。

現場力を測る「3つのものさし」

業務連鎖の最適化を通じて実現される現場力はどのようなものさしで測られるのだろう。一般的には**「品質」「コスト」「スピード」**の3つが挙げられる。

①品質

個々の業務、もしくは業務連鎖全体の品質。

業務上の失敗やミス、漏れといった初歩的な業務品質の劣化を防止するだけでなく、仕事のやり方や流れをよりよいものに改善することや、新たな価値を生む付加価値の高い業務がどれだけできているかに着目する必要がある。

②コスト

一連の仕事の流れにおいて、ムダ・ムラ・ムリを徹底的に排除し、経済合理性を追求し、コスト競争力を確保する。

③スピード

業務連鎖のスピード、意思決定のスピードを追求し、スピードによる優位性を構築する。

これら3つの要素は、一見両立させることが困難と思われるかもしれない。

品質をよくしようとすればコストがかかる。スピードを高めようとすると品質が犠牲になる。

しかし、そうした「トレードオフ」を容認してしまったら、他社を凌駕する優位性は絶対に実現できず、せいぜい「他社並み」で終わってしまう。

両立することが一見困難に思える目標を同時にかつ高次元で実現させる「二律背反の克服」こそが、「強い現場」の絶対条件である。

「二律背反克服の精神」こそ、強い現場を根っこで支える

花王では、1986年から全社的なコスト削減活動TCR（トータル・コスト・リダクション）を続けている。

この活動は、開発、購買、製造、販売、物流などの組織を横断した全社的な活動で、ま

さに**「業務連鎖の発想」によって全体最適を追求しようとする活動**だと言える。

こうした活動の成果のひとつとして、ロジスティクスセンターにおける在庫削減と欠品率減少が挙げられる。

一般的には最も効率的だと思われている自動倉庫の問題点を取り上げ、「商品や数量の変更に柔軟に対応するには、人手による商品積み込み作業のほうが効率的だ」という大胆な発想の転換を行った。

この改善によって、在庫金額はこの5年間で約4割減る一方で、欠品率も0・04％まで減少したという。

「在庫が減れば欠品リスクは高まる」という「定説」を覆し、在庫削減と欠品率減少という一見すると相矛盾する課題解決を両立させているところに、花王の「現場の柔軟性」が見て取れる。

また、圧倒的な現場力を誇るトヨタでは、「品質vs.コスト」「品質vs.スピード」「機能vs.コスト」「スタイリングvs.実用性」といった、一見両立が困難と思われる目標にチャレンジしつづけることが「トヨタらしさ」の本質であると定義している。

花王やトヨタに見られる「二律背反克服の精神」こそが、強い現場を根っこで支えている。

図表1-11　現場力を測る4つのものさし

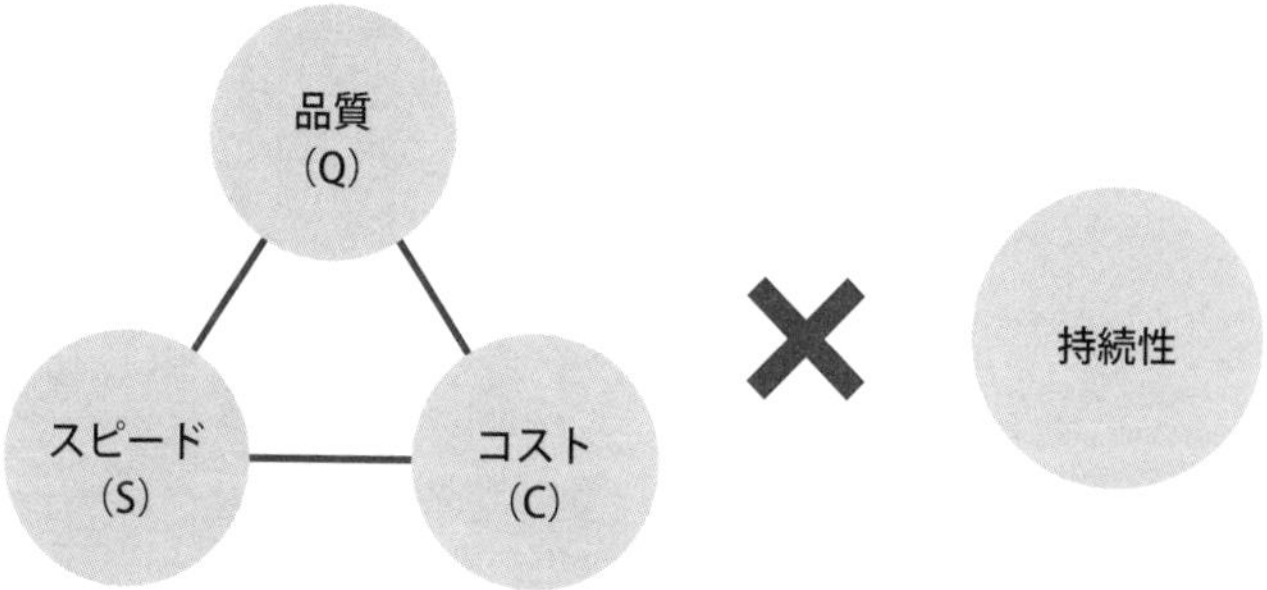

「品質」「コスト」「スピード」×「持続性」

現場力の強さを測るには、これら3つのものさしだけでは不十分で、**「持続性」**というもうひとつの切り口を加えなければならない（図表1-11）。

真の現場力とは**「品質」「コスト」「スピード」による優位性を「継続的に」進化させていく**ことである。

経営者が号令をかけることで、一時的に品質を改善したり、コストダウンを実現したり、スピードを速めることはできるかもしれない。

しかし、そうした現場の「瞬発力」だけでは、真の現場力は形成できない。

重要なのは、**粘り強く、現場の優位性を磨きつづけようとする意志と執着**なのである。

要点

「現場力」は「品質」「コスト」「スピード」「持続性」の４つのものさしで測定することができる。

一見両立が困難と思われる二律背反的な目標を同時に克服することが真の現場力である。

第2章

「オペレーショナル・エクセレンス」の追求

1

現場力が競争上の優位性にまで高められているか

オペレーション力による優位性はすぐには真似できない

オペレーション力、すなわち現場力が卓越し、**競争上の優位性にまで高められていることを「オペレーショナル・エクセレンス」**と呼ぶ。

戦略を実行する現場の組織能力が秀でていて、結果を出すことのできる**「柔軟な頭脳」**と**「強靱な足腰」**を持つ企業のことである。

トヨタや花王、ヤマト運輸、セブン-イレブンといった企業、海外ではGEやフェデラル・エクスプレスなどの企業を挙げることができる。

オペレーショナル・エクセレンスの特長は**「持続力の長い優位性」を確立する**点にある。

競争戦略による差別化は、特許による保護でもない限り、競合他社が真似て追随する可能性が高い。

もちろん戦略を真似するまでにはタイムラグが存在するから、ユニークな戦略を編み出した企業はその間にリーダー企業としてのポジションを確立することは可能である。しかし、**戦略自体が保証する優位性の期間は、思っているよりはるかに短い**のも事実である。

その一方で、**オペレーション力による優位性は、他社が真似をしようとしても、すぐに真似できる代物ではない。**

現場力は、企業の**「組織能力」**であり**「総合力」**である。

時間をかけて磨き上げてきた「品質」「コスト」「スピード」の優位性を模倣することは容易ではない。

人間に身体能力があるように、組織には組織能力がある。

鍛え上げられたトップ・アスリートのように「１００メートルを10秒で走りたい」と思っても、**訓練を積んでいない凡人にはできないのと同じ理屈**である。

実際、オペレーショナル・エクセレンスを誇る企業はトヨタや花王、セブン‐イレブンのように、長い期間にわたって増益を続けている企業が多い。

景気の波に左右されない安定した、堅実な経営を実現するためには、現場力の強化による「オペレーショナル・エクセレンス」が不可欠となる。

要点

「現場力」が競争上の優位性にまで高められていることを「オペレーショナル・エクセレンス」と呼び、持続力の長い優位性を企業にもたらす。

すべてはお客様のために

それでは、「オペレーショナル・エクセレンス」の追求によって目指すべき優位性とはどんなものであろうか。

①圧倒的な業務効率性の実現によるコスト優位性

ひとつめは、言うまでもなく**「圧倒的な業務効率性の実現によるコスト優位性」**である。

企業活動の現場には、あふれんばかりのムダが存在する。

つくりすぎのムダ、在庫のムダ、やり直しのムダ、不良品のムダ、調整のムダ、会議のムダ。

全社において、スムーズでスピーディな仕事の流れが確立されれば、こうしたムダは排除され、余分なコストは発生しなくなる。

ムダのない安定・均一化した業務品質とスピーディな仕事の流れを確保し、さらに日常的な業務改善を貪欲に追求することが、ワールドクラスの「ロー・コスト・オペレーション」につながるのである。

②現場主導による新たな顧客価値の創出

「オペレーショナル・エクセレンス」による優位性は、決して業務効率性だけではない。「強い現場」はたんに業務を遂行するだけでなく、その過程においてお客様の充たされないニーズやウォンツを肌で感じることができる。

そうした「新たな気づき」は、**新たな商品やサービスを生み出す起点**となるのである。**主体的、能動的に新たな価値をつくり出していく「触覚」**であることが、現場には求められている。

現場主導による新たな顧客価値の創出――これこそが「オペレーショナル・エクセレンス」による2つめの優位性である。

「すべての業務連鎖はお客様につながる」と認識する

これら2つの目標を達成するうえで重要なのは、**「すべての業務連鎖はお客様につながる」と認識する**ことである。

オペレーションというと、企業の内部的な活動と捉えがちだが、業務連鎖の着地点はあくまでお客様である。**お客様への価値を生み出し、お届けするプロセスが業務連鎖**であり、顧客不在の業務連鎖などありえない。

業務効率性の追求は、業務連鎖におけるムダ・ムラ・ムリを取り払い、一気通貫のスムーズな仕事の流れを実現することで、ロー・コストとスピードという価値をお客様に提供する。**企業がより儲けるために業務効率性を追求するわけではない**。業務効率性がお客様に価値をもたらし、その結果として、企業はより高い収益を上げることができるのである。

新たな価値の創出も同様である。

「強い現場」であれば、業務連鎖の実行を通じて、さまざまなお客様の不満や不便、不都合を肌で感じるはずである。

図表2-1　オペレーショナル・エクセレンスの目指すもの

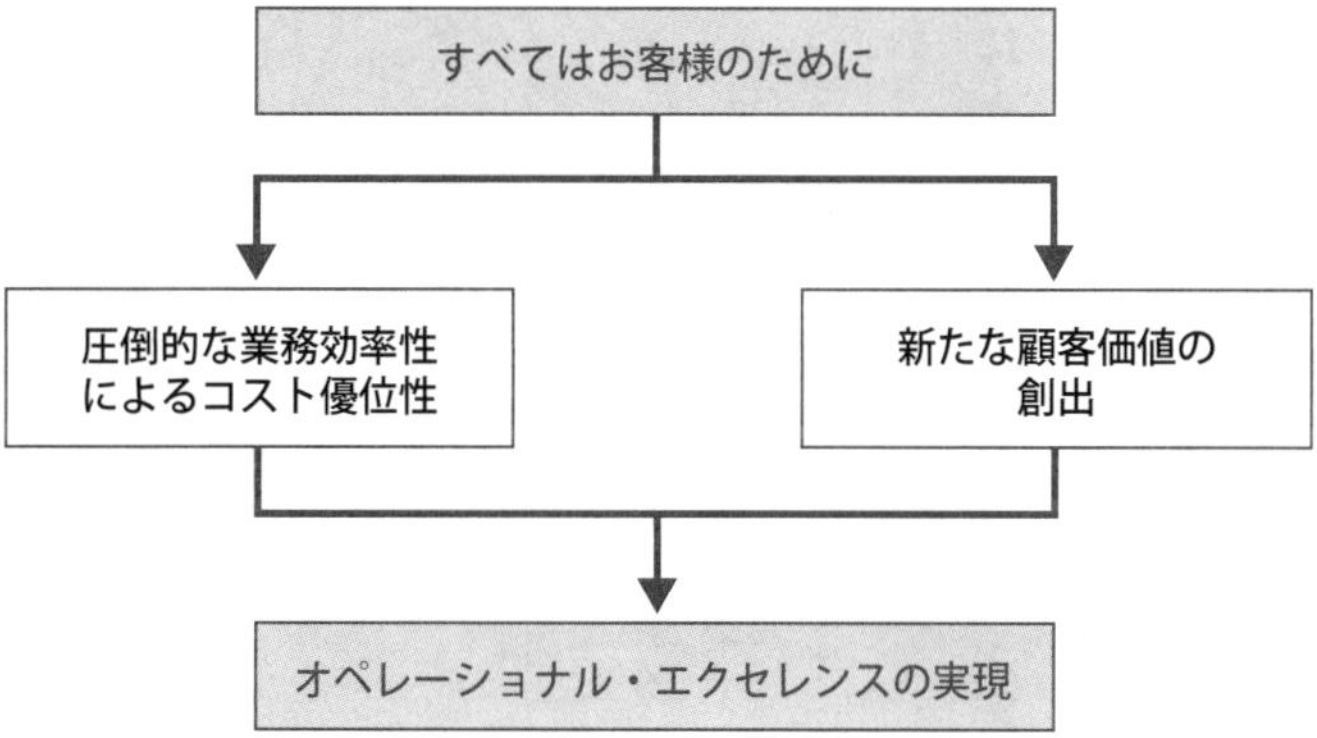

そうしたお客様の要望に対して、現場自らが「触覚」として敏感に反応し、能動的に新たな価値を生み出していく。

その起点は、**「お客様の不満・不便・不都合に敏感に反応しよう」という現場の意欲、役割意識**である。現場がお客様を「背負う」ことで、新たな価値は生み出されていく。

新たな価値による収益の向上は、お客様を背負ったことの結果でしかない。

「オペレーショナル・エクセレンス」は閉塞的な内向き思考では絶対に実現できない。

「すべてはお客様のために」

「すべての業務はお客様につながる」

こうした意識を業務連鎖に関与するすべての人間が共有することが「オペレーショナル・エクセレンス」の第一歩である（図表2－1）。

要点
卓越した現場力は、「コスト優位性」「新たな顧客価値創出」の両面において圧倒的な競争力を企業にもたらす。そして、その根底には徹底した顧客志向がある。

トヨタ「三現主義」の実践——「現地」「現物」「現実」

トヨタに**「三現主義」**という言葉がある。

三現とは**「現地」「現物」「現実」**のことであり、トヨタの社員に染み込んでいるＤＮＡのひとつである（「現実」の代わりに**「現状分析」**を挙げる人もいる）。

頭でああだこうだと考えるよりも、**まず現地に赴き、現物を確認し、現実を認識することがなによりも重要**であり、それがすべての思考、行動の出発点となるべきだという考え方である。

まさに、「百聞は一見に如かず」の思想で、じつはこの考え方はトヨタに限らず、ホンダや花王といったエクセレント・カンパニーに共通した原理原則になっている。

情報システムやインターネットの普及と進展によって、我々は昔とは比較にならないほど膨大なデータや情報を得ることができるようになった。

ＩＴ先進企業では、財務的なデータにとどまらず、日々動く在庫の状況、売れ筋・死に筋の商品情報、競合メーカーの動向など多様なデータや情報を週次や日次のサイクルで把握できる。

データに裏づけされた科学的な経営を行ううえで、こうした情報インフラはなくてはならないものとなった。

「いま現場で何が起きているのか」をわかった「気」になってしまう怖さ

しかし、そこにはひとつの落とし穴が存在する。

あらゆるデータや情報が苦もなく入手できるようになると、経営者、管理職、そして現場従事者までもがそれらを見るだけで**「いま現場で何が起きているのか」をわかった「気」になってしまう**。これが怖い。

過去の延長線上の経営をしているうちは、過去の経験にもとづく判断基準が確立されているから、データをもとにイレギュラー管理をしていれば、大きな過ちを犯すリスクは小さかった。

しかし、ビジネスのスピード感が高まり、しかも市場の見えないニーズを先取りして、需要を喚起し、生産や在庫、顧客満足をコントロールしなければならない現在、過去の結果にすぎないデータだけを眺めていても、今後どうすればよいのかのヒントや指針は見えてこない。

データや情報が効力を発揮するのは、三現主義のうちの「現実」、すなわち「現状分析」の部分にすぎない。

「現地」「現物」を伴わないデータはかえって判断を誤らせるリスクがあるのである。

いまなによりも大切なのは、**自分の目で確かめ、自分の耳で聴き、自分の肌で感じた「現場感」**である。

一人ひとりがこうした現場感をもとに考え、行動している企業こそが「オペレーショナル・エクセレンス」を実現しているのである。

P&Gも「三現主義」を徹底している

「三現主義」の徹底は、トヨタなどの優良日本企業に限ったことではなく、欧米のエクセレント・カンパニーにも共通するものである。

46歳の若さでP&Gの最高マーケティング責任者（CMO）に就任したジェームズ・ステンジェル氏は、来日するとP&Gファー・イースト本社のある神戸市内のごく普通の家庭を訪問するという。

近所の家並みや商店の様子を歩いて見て回り、部屋のつくりやトイレの様子をつぶさに観察する。そして、いま使っている洗剤やシャンプーをなぜ選んでいるのか、洗剤の計量はどのようにしているのかなどを矢継ぎ早に質問する。

P&Gファー・イーストの本社には、キッチンにちゃぶ台、テレビなどを備えた6畳間があり、モニターの消費者が家事や育児をする様子を観察する「設備」がある。

P&Gの商品企画はこうした設備を活用したプロセスを経て行われるが、ステンジェル氏は**実際に自分の足で消費者の家を訪ね、自分の目で確かめ、自分の耳で消費者の声を聴くという泥臭い現地現物主義を実践**している。

「自ら消費者と語り、生活ぶりを見なければ、理解することはできない。机上の空論では何も決断できない」

ステンジェル氏はそう断言する。

「三現主義」を社内に徹底させ、オペレーショナル・エクセレンスを実現するためには、経営トップのこうした姿勢と行動が不可欠である。

「現地現物の力」は内部の効率性追求でも絶大

内部の効率性を追求するうえでも、「現地現物の力」は絶大である。

あるメーカーで業務改革の実行支援を行ったとき、複数の販売会社からメーカー本社からの各種情報の「垂れ流し」についての指摘があった。

商品カタログ、マニュアル、販促資料、価格表、アンケート調査依頼、予算管理資料、各種通達など、メーカーの各部署から販売会社に送られる資料や情報はきわめて多岐にわたり、膨大なもので、販売会社の処理能力を超えていた。

メーカーの各部署からすれば、「必要だから送っている」「よかれと思って送っている」のだが、それを受け取る側からすると、重要なものからそうでないものまでが入り混じった**「垂れ流し」状態**であった。

インターネットの普及が、さらにそうした事態を深刻なものにした。

相当な容量を持つ添付資料がついたメールが飛び交い、役に立つ情報なのかどうかも重いファイルを開けてみなくてはわからない。

そうした情報が飛び交っているため、販売会社側はやがてファイルを開けることもしなくなり、逆に重要な情報の共有も徹底されないということも起きていた。

「現物」を突きつけて、改善を迫る

販売会社からはメーカーに対して、何度も改善の要請をしたが、部署がまたがり「加害者意識」も薄いため、解決は一向に進展しなかった。

業を煮やした販売会社は、**「現物」を突きつけて、改善を迫る**ことにした。

メーカーから販売会社に送られている1カ月分の情報や資料を集めると100点以上にも及んだ。そして、それらを会議室のテーブルに全部並べ、メーカーの幹部に突きつけたのである。

「現地現物の力」は絶大であった。

問題点の深刻さをようやく認識したメーカー側の対処は早かった。

不必要な資料や情報は削減、簡素化し、バラバラであった発送業務も集約することにした。重要度に応じて送付する情報にランクをつけ、何を優先的に処理すべきかが一目でわかるようなルールを打ち立てた。

こうした施策により、販売会社が「垂れ流し」情報に右往左往することはなくなり、メーカー側も業務の効率化が可能となったのである。

曖昧《あいまい》な情報や伝聞に頼るのではなく、**どんな場合でも「現地現物」を徹底させ、常に「事実」をもとにした業務運営を行う**ことが、「オペレーショナル・エクセレンス」の真髄である。

要点

自分の目で見て、自分の耳で聴き、自分の肌で感じ、自分の頭で考える「三現主義」を徹底させよ。「現地現物」は、理屈に勝る説得力を持っている。

2 「強い現場」「弱い現場」は何がどう違うか

「強い現場」と「弱い現場」の分岐点

オペレーショナル・エクセレンスを誇る企業がある一方で、現場力が弱い企業も数多く存在する。そうした症状を、私は**「現場力欠乏症」**と呼んでいる。

現場力欠乏症の典型的な症状は**「無知・無視・無関心」の三無状態**である。

仕事はつながってこそ価値を生むにもかかわらず、**「自分、自部門の業務しか知らない」「他部門の業務は無視し関心がない」**といったことが現場に蔓延している。

マザー・テレサは「無関心こそが最大の罪悪である」と言ったが、それはまさに企業の現場にも当てはまる。

「無知・無視・無関心」の三無状態が「タコツボ化」を引き起こす

こうした症状は、**現場における「タコツボ化」**を引き起こす。

連鎖の視点が欠如し、「自分さえよければいい」といった「タコツボ」が至るところにできてしまう。

その結果、組織としての全体最適は追求されずに、部分最適の集合体に陥ってしまう。

タコツボ化は業務連鎖の品質を著しく劣化させる。チェーン全体をよくしようという発想がないから、前工程は後工程を意識しない、後工程も前工程の業務品質に問題があっても文句を言わないといった**「事なかれ主義」が現場を支配**してしまう。

上流から下流に至るまでのすべての業務連鎖において**「総合無責任」が蔓延**してしまう。

それに対し、強い現場は業務連鎖の至るところで、業務品質に対する「ぶつかり合い」が日常的に発生する。

業務上の問題点を隠さずにさらけ出し、部門横断的な「ぶつかり合い」の中から、よりよい解決策を模索し学習を繰り返す。全体最適のためには、ギクシャクすることを恐れず、「健全な対立関係」を容認している。

「業務連鎖の品質に対する責任感」の違い

こうした違いの根底にあるのは、**「業務連鎖の品質に対する責任感」**である。

業務連鎖の品質を担保できるのは現場しかいない。いくらカリスマ性の高い経営者が登場しても、業務連鎖の品質には間接的にしか影響を及ぼせない。

業務連鎖の品質が競争力の源泉であり、「それを確保するのは自分たちの仕事だ」と現場が認識していなければ、強い現場は構築できない。

現場は企業経営の中核であり、価値を生み出す本丸である。

しかしその一方で、直接的な価値を生み出し、さまざまな生情報と経営資源を握る立場にある現場は、放っておくと「聖域」と化してしまう。

経営の一部でありながら、経営の力の及ばない治外法権の場となり、経営から遊離していってしまう。

現場は防衛本能によって内向き、閉鎖的、部分最適に陥りがち

現場は決して「聖なる場」などではない。

企業価値を生み出すダイナミックで、パワフルな場であるが、一方では**閉鎖的でタコツボになりがちであり、近視眼的で短期志向に陥りがち**である。

しかも、リストラの嵐が吹き荒れ、現場の人員が減らされる中で、**現場は本来持つ防衛本能によって、よりいっそう内向き、閉鎖的になる。**

原発における事故情報が隠蔽され、記録が改ざんされていた東京電力。引責辞任した南社長は「現場が見えていなかった」と語ったが、国策を担うという自負心が強い原子力部門は、「原子力村」と呼ばれる閉鎖的な縦割り組織の中で、いつしか社内の「聖域」となっていた。

「現場が見えていなかった」のではなく、「現場の本質がわかっていなかった」のである。

現場の持つ閉鎖性は、品質問題や事故、不正といったことだけに限らない。

経営トップが何と言おうが、現場が納得しないと物事が進まない企業はいまだに多い。

現場に遠慮し、はっきりした指示すら出せない企業さえある。

現場の意見を尊重することは大切だが、**現場が部分最適に陥りがちで、大局的な判断に弱いのも事実**なのである。

大手電機メーカー2社が、ある事業分野で共同開発、生産などの戦略的提携を行った。

しかし、本来この話は提携などという緩やかなものではなく、事業統合を前提としたより抜本的なものであり、経営トップ同士では合意もされていた。

それが提携という中途半端で、実質的には意味のない「骨抜き」の内容となってしまった最大の理由は「現場の反発」であった。

自社技術、自社ブランドにこだわる現場のエゴを経営が説得できなかったのである。

現場は聖域ではない――無責任な現場放任主義は通用しない

すべての現場が一様に素晴らしいのではない。ましてや聖域などではない。

「強い現場」「良い現場」もあれば、「弱い現場」「悪い現場」も存在する。

「強い現場」も放っておけば、腐りはじめ、内向き、閉鎖的になってしまう。

現場とは企業の「誇り」でもある一方、「恥部」にもなりうるものである。

真の現場主義とは、現場を妄信するのではなく、経営と現場が一体となって切磋《せっさ》琢磨《たくま》することにほかならない。

「現場のことは現場」という無責任な現場放任主義は、もはや通用しない。

現場を腐らせないのは経営者の責務である。

要点

業務連鎖の品質は現場にしか担保できない。

現場の責任感が健全な対立関係、ぶつかり合いを生み、業務品質が高められていく。

現場を「聖域」にしてはならない。

強い現場には、緊張感と「自律神経」が張り巡らされている

業務連鎖の品質に対する責任感を持つ強い現場は、「自ら問題を発見し、解決する」組織能力に優れている。

目先の業務をこなすことが自分たちに与えられたタスクではなく、**「よりよい仕事のやり方を考えるのが自分たちの使命」**であると信じている。

そうした使命感を背負った現場には、緊張感が張り詰めている。

常によりよい仕事のやり方を追求し、問題点を発見しようとする「自律神経」が現場の至るところに張り巡らされている。

現場は目先の業務をこなさなければいけない。目に見える価値を生み出すために汗をかき、体を動かさなければならない。

足腰の強さ、俊敏さは現場の基本要件である。

しかし、汗をかき一生懸命動くのは、現場にとっては当たり前のことである。

強い現場はたんに「動く」のではなく、人間の意志が加わった「働く」場になっている。

そこで働く一人ひとりが「もっとよいやり方はないのか」「新たな価値のヒントはないか」といった意識を持ち、常に問題点を探すことが彼らの仕事となっている。

国連難民高等弁務官として活躍された緒方貞子氏は、日本人の特質についてこう語っている。

「人間は仕事を通して成長していかなければなりません。その鍵となるのは好奇心です。常に問題を求め、積極的に疑問を出していく『心』と『頭』が必要なのです。開かれた頭で、何かを求めていく姿勢がなければなりません。日本人は答えはきっちり出すが、問題を出してこないという欠陥があるように思われます」

現状に満足することなく、常に問題点を探し出そうとする「自律神経」を現場に埋め込むことがなによりも重要である。

たんなる作業者ではなく「知的ワーカー」を育てる

組立型のモノづくりの現場では、**従来の分業方式による流れ作業**から、ひとりが最初から最後まで責任を持って組み立てを完遂するという**セル生産方式への移行**が進んでいる。

大量生産、大量消費の時代にはベルトコンベヤーによる流れ作業の効率性が高かったが、多品種小ロット生産においては自己完結的なセル生産方式のほうが、効率性の面でも品質の面でも優れている。

衛生陶器を生産するＴＯＴＯの小倉第二工場の組み立てラインでは、若い女性工員がセル生産方式で生き生きと働いている。

１日の作業時間の中で、どの製品をどういう順番でどのくらい組み立てるのかの生産計画を、自らの責任、自らの判断で組んでいる。

そして、自ら立てた生産計画をホワイトボードに書き込み、途中で計画の修正を行ったり、１台ごとの組み立てにかかった時間を書き込んだりしながら、自らの生産性の向上を確認しながら生産活動を行っている。

コンピュータがアウトプットした１日の生産計画に縛られてロボットのように作業を繰り返すのではなく、需要情報や部材情報などのインプットを自分で咀嚼《そしゃく》し、判断しながら生産活動を行う。

それと同時に、**作業時間短縮のための改善の知恵**を自ら考える。

彼女はたんなる作業者ではなく、**「知的ワーカー」**である。

強い現場とは、こうした**「知的ワーカー」**を育て、**一人ひとりが自らの意志のもとで、よりよい仕事のやり方、新たな価値の創出に向けて努力を重ね、連帯を組んでいる現場**のことである。

「汗をかく現場」から「知恵を出す現場」へ

これは生産現場に限ったことではない。

営業の現場においても、一人ひとりの営業マンが売り上げを伸ばすためにそのプロセスを適切に管理し、管理職がそのコーチ役として機能している営業現場は、確実に高い生産性を上げている。

前出のホンダクリオ新神奈川のように、「お客様に喜ばれたい」という現場の自発的な思いと知恵が、長年にわたって顧客満足度（ＣＳ）トップを維持する原動力となる。

研究・開発の現場でも、創造的な商品を開発すればいいというものではない。

自律神経の張り巡らされた研究・開発の現場では、時間・スピード・効率性という面での意識がきわめて高い。

「創造性」と「効率性」という2つの目標を同時に実現するために現場自らが考え、知恵を出す。

二律背反の克服こそが「強い研究・開発の現場」に与えられた使命である。

「汗をかく現場」から「知恵を出す現場」への変身が求められているのである。

要点

自ら問題を発見し、解決する。強い現場には「鋭敏な自律神経」が張り巡らされている。

強い現場をつくるメカニズム

現場力は、さまざまな要素が複雑に絡み合って生まれるものである。何かひとつをいじればよくなるという単純なものではない。

ここでは**現場力が生まれるメカニズム**を簡素化して説明したいと思う（図表2−2）。

現場力は、現場で業務に従事する一人ひとりが**「高い意識とやる気」**を持つことがすべての出発点となる。

湧源性が触発された現場に**「責任と権限」**を付与し、さらに個人だけでなく**「チーム」**で取り組むことによって、**「知恵」**の創出が加速される。

こうした要素が連結して、「自ら問題点を発見し、解決する現場」が生まれてくる。

そうした現場が継続して努力を続けることによって、間違いなく**「成果」**が生まれてく

図表2-2　強い現場をつくるメカニズム

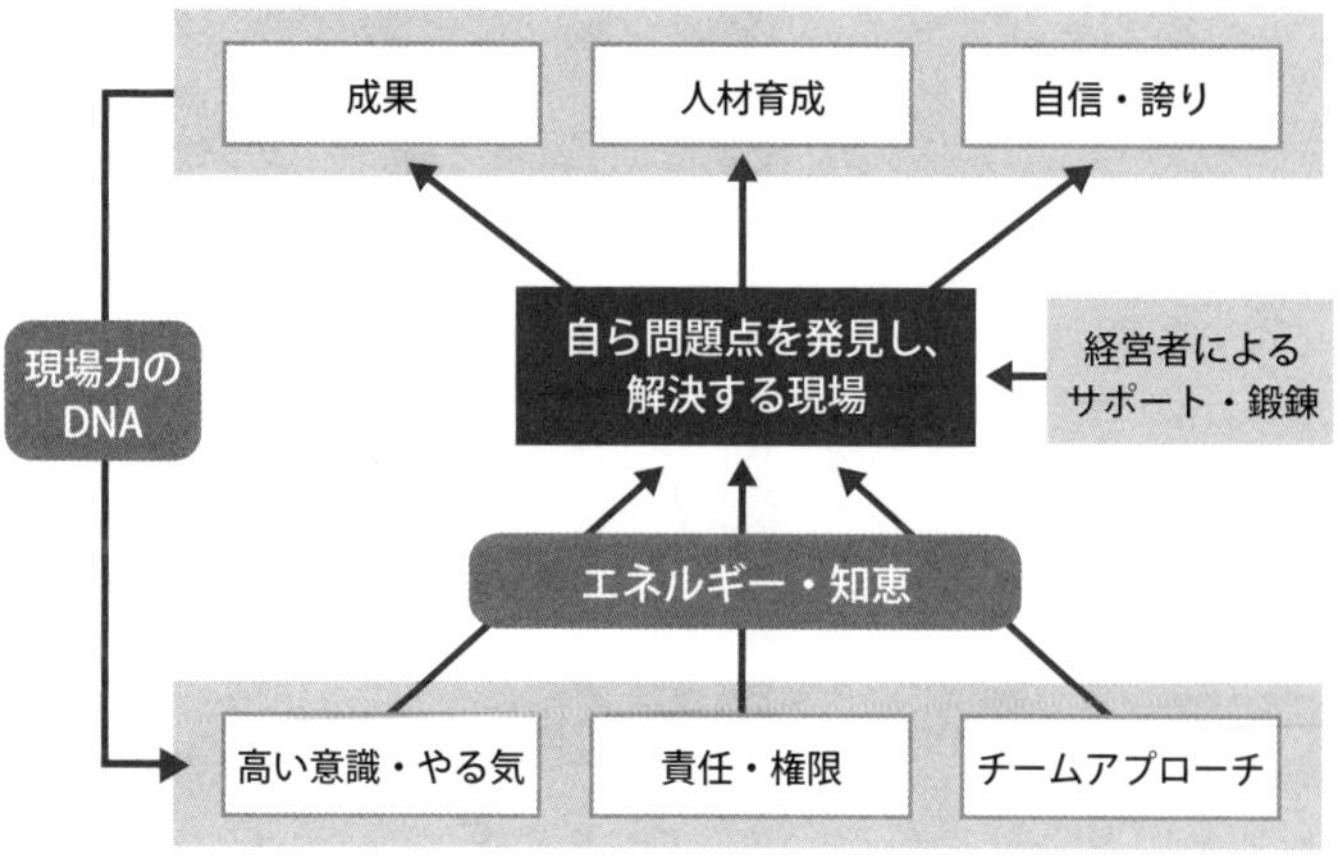

る。

そして、そのプロセスで**「人」**が育ち、**「自信と誇り」**が生まれ、さらに継続させようとする**「エネルギー」**が湧き出してくる。

強い現場をつくるというのは、とにかくこのサイクルをがむしゃらに繰り返すことである。

その結果として、**固有の「現場力のDNA」**が生まれ、企業の競争力へと高められるのである。

経営として現場を叩いて鍛える努力は不可欠

経営者がまず取り組むべきことは、この

メカニズムを理解したうえで、メカニズムが機能するための環境を整備することである。組織や人事制度、業績評価、ITなどは、このメカニズムを機能させるための有効な「手段」である。

環境整備に加えて重要なのは、経営者自らが発展途上にある現場を叩いて、鍛えることである。

「強い現場」は一朝一夕にはできない。

環境を整えたからといって、あとは現場まかせにしておけばいいというものではない。現場自らがその気になって、業務連鎖を進化させていく気概を持つことが必要だが、発展途上にある現場に対しては、**経営として現場を叩いて鍛える努力が不可欠**である。**現場の自主性、当事者意識を尊重することと、経営として現場力の強化に関与すること**は決して相容れないものではなく、両立させるべきことである。

エンジニアリング大手の千代田化工建設では、代表取締役5人が集まり、進行中のプラント工事の問題点や障害などを現場責任者から聞き、解決策を一緒に考える「プロジェクト・トップレビュー・ミーティング」を続け、プロジェクトの品質やコストに目を光らせている。関誠夫社長はこう言い切る。

「1000億円を超えることもあるプロジェクトの全責任を現場に負わせるのはおか

しい。経営としてプロジェクトを管理し、現場の人材を育成するのは経営者の役目だ」

現場力とは経営と現場が一丸となって高めるものである。

ワタミの「業務改革会議」と「気絶のアンケート」

居酒屋・外食チェーンを展開するワタミフードサービスでは、１９９７年11月からサービスレベルの向上を目指して討議する「業務改革会議」を毎週開いている。

その回数はすでに２９０回を超えている。

この会議の中心議題は、前週に顧客から寄せられたクレームに現場がどう対応したかである。居酒屋・外食チェーンにおいて、客からのクレームは店舗の品質を測る絶対的なものさしである。

現場の品質を向上させるために、渡邉美樹社長からは現場を統括するエリア・マネジャーに対して、容赦ない言葉が飛ぶという。

店内に備えつけている顧客満足度を把握するためのアンケート用はがきが毎週１０００通以上届くが、それをもとに「いつ誰が、どんな接客をしたのか、すべて固有名詞で確認しろ」という激烈な指示が出る。

このアンケートは、「気絶するほど重く受け止めなければならない」という自戒の念を込めて、**「気絶のアンケート」**と呼ばれている。

ワタミが目指しているのは、**徹底的なクレームの検証を通じて、現場が経験値を上げる**ことである。

居酒屋・外食チェーンのサービス品質は現場でしか担保できない。**すべての「真実の瞬間」は現場で起きている**。

しかし、そこで重要なのは、現場の品質の問題を現場まかせにせず、**経営と現場が一体となって学習し、「昨日よりも強い現場」をつくっていく**ことである。

渡邉社長はこう言う。

「皆がクレーム対応のケーススタディを繰り返し積み重ねていくしかない」

前出の広中平祐氏は、教育の現場に対して次のように進言しているが、それは経営と現場の間でも当てはまることである。

「湧源性の火を燃えさせるには、先生も一緒に考えてみるとか、一緒になって四苦八苦するべきなのだ。そうすれば、先生は教えると同時に、生徒から教わることになり、生徒も自分で必死に考えを出すことで、湧源性の火が燃えはじめる」

要点

経営には現場を「鍛える」責任がある。

現場力が生まれるメカニズムを理解したうえで、経営と現場が一体となり、組織学習を繰り返すことで、強い現場はつくられる。

エクソンモービルの「コールド・アイ・レビュー」（冷徹な目による監査）

現場を大切にしながら、甘やかさず、徹底的に鍛える経営は、日本に限らず欧米の超一流企業に共通する基本思想である。

こうした企業は戦略面においても、卓越したものを練り上げているが、その戦略を実行し、結果を出す主役である現場に対する思い入れは生半可なものではない。

世界に冠たる石油会社エクソンモービルは、世界中にオペレーションを展開しているが、石油の精製から調達、物流、販売に至るまで、すべての現場を熟知している本社担当役員が世界中を飛び回り、「現場監査」を日常的に行っている。

その監査は社内では**「コールド・アイ・レビュー」（冷徹な目による監査）**と呼ばれ、各国の経営者、現場責任者に恐れられている。

自ら向上し、進化しようとする強い現場だけが生き残る

この担当役員は社内的にはナンバー2に相当する重要な地位にあり、全世界の現場に対する絶対的な権限を持っている。

エクソンモービルでは、すべての機能、業務において本社で定めた基本プロセスやスタンダード（基準）が存在する。

「コールド・アイ・レビュー」では、すべての業務がこうしたスタンダードにのっとって行われているか、あるいは行われていないのであればその理由が妥当なものであるかどうか、目標を達成するために改善の知恵が出されているかどうかなどが厳しく追及される。

このレビューは半年に一度、2～3日をかけて実施される。

生産性や効率性が世界中のほかの現場と比較され、そして公表される。

そこでは、劇的な改善を実現したり、新しい革新的なプロセスを生み出した現場が評価される一方で、改善が見られない現場の責任者は厳しくその責任を問われる。

そこには「現場は尊い」などという甘い考えはない。

そこにあるのは、**「自ら向上し、進化しようとする強い現場だけが生き残る」という本来の現場主義の精神**である。

「コールド・アイ・レビュー」を行うエクソンモービルの担当役員は、そのキャリアパスの中で石油ビジネスのほとんどすべての機能を自ら体験した経験を持っている。

しかも、世界中の現場を自らの足で訪問している。

たんに現場を「視察」するのではなく、現場を徹底的に鍛えるための「現場感」と「ものさし」を兼ね備えている。

経営者の役割は現場を、「守る」ことではなく、あるときは冷徹な目で「叩き」「鍛える」ことである。

要点

自らの意志で進化しようとする現場だけが生き残る。
経営者は冷徹な目で、現場の組織能力を見極めなければならない。

3 競争戦略と現場力

「戦略」と「実行」は車の両輪

「戦略」という言葉は妙に響きがいい。戦略好きの日本人はむやみやたらに「戦略」という言葉を使いたがる。

しかしその一方で、ロジカルに物事を考え、組み立てたはずの「戦略」が機能せず、**「机上の空論」「絵に描いた餅」**で終わってしまっているケースは山ほどある。

そして、そのときに戦略立案者からよく出てくる「ロジック」は、「戦略そのものは正しかったのだが、実行に問題があった」というものである。

本人はこの発想自体に大きな過ちがあることに気づいていないのである。

本来、**「戦略」と「実行」は車の両輪**みたいなものであり、**切り離して考えること自体がナンセンス**である（図表2−3）。

図表2-3　「戦略」と「実行」の関係性

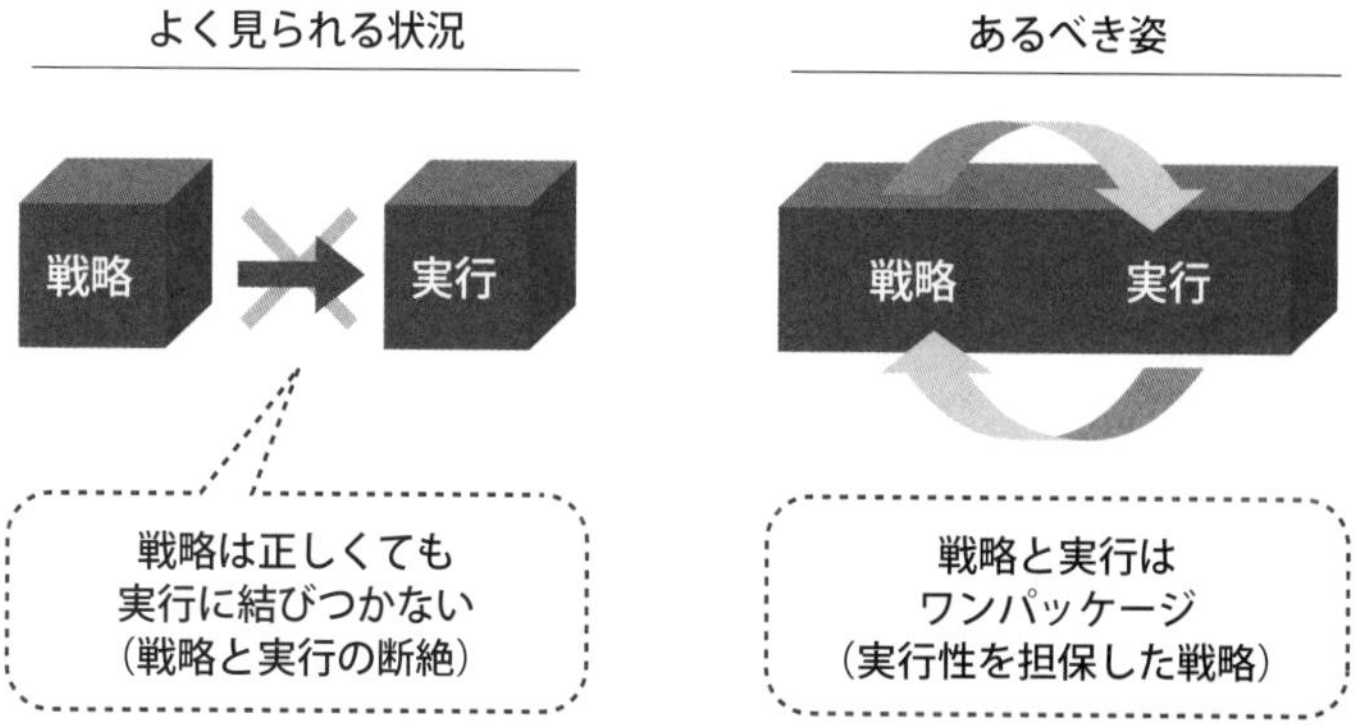

私たちのような経営コンサルタントにもその責任の一端があるのだが、「まず優れた戦略を生み出し、実行についてはそのあと考えればいい」という風潮がある。

しかし、たとえロジックが完璧であっても、**実行されない、できない戦略はそもそも合理的な戦略などと呼ぶべき代物ではない。**

極論すれば、たとえロジックが不完全であっても、現場感があって、現場がその気になって実行する戦略のほうが、はるかに成果は出やすい。

「まず戦略ありき」という頭でっかちの発想から抜け出さなければ、実行性を担保することはできない。

戦略の実行性には「適社性」「納得性」という2つの構成要素がある

それでは、実行されない、できない戦略には何が欠けているのだろうか。

そもそも、戦略の実行性とは**「適社性」「納得性」**という2つの要素で構成されている（図表2－4）。

①適社性

「適社性」とは**「自社の持つ組織能力やコア・コンピタンスに裏打ちされた競争戦略となっている」**ことである。

いくら時代の潮流を読んだ斬新な戦略であっても、それが自社の「強み」や「持ち味」と合っていなければ実行可能な戦略とはなりえない。

②納得性

「納得性」とは**「経営のトップから現場に至るまでの全員が理解し、共感する『腹に落ちる』競争戦略となっている」**ことである。

戦略を実行し、具体的な顧客価値を創出するのは現場である。

図表2-4　実行性の構成要素

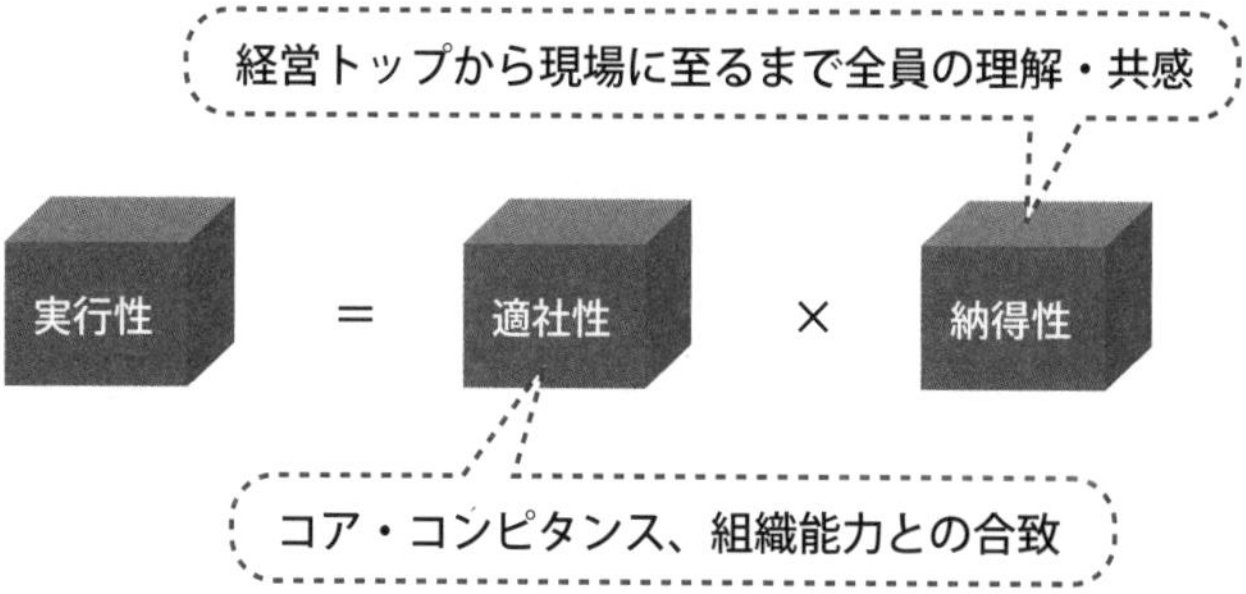

現場がその気にならなければ、戦略など無価値である。

「適社性」「納得性」というこの2つの要素は、戦略そのものから切り離して考えることなどできず、戦略立案プロセスの中で担保しなければならない。

優れた戦略とはこの2つの要素が**「戦略」と「実行」をつなげる「接着剤」**として機能し、適切な資源配分のもとで必要なアクションに落とし込まれている。

バブル時のカゴメでは「戦略の暴走」が起こっていた

しかし、実際には、**「戦略」と「実行」が遊離**してしまっているケースが数多く見られる。

典型的なケースが、バブル時のカゴメである。

現在ではユニークな新商品を次々に投入し、安定的な収益を上げている同社だが、１９８０年代後半から90年代初めにかけて、多角化を志向し「総合食品メーカー」を目指すという「ＳＫＹ計画」を打ち出した。

トマトケチャップ、トマトジュースという従来の定番商品だけに頼っていては成長に限界があるため、消費者ニーズの多様化に合った加工食品や輸入食材を強化し、多面的な食品メーカーへ脱皮するという戦略である。

しかし、この戦略は売り上げの増加はもたらしたものの、収益力は大きく低下し、ブランドイメージが拡散し、**「カゴメらしさ」が消失**するという最悪の結果を招き、頓挫した。

たしかに、市場の成長性や魅力度という観点から見れば、事業ドメインを広げる戦略は一見妥当性がある。

しかし、その戦略がトマトやニンジンといった野菜を自ら育種し、栽培して商品化するという「泥臭い」食品メーカーとして価値を生み出してきたカゴメに「適している」かどうかは、別の角度からの検証が必要である。

また、誇りを持って泥臭い仕事をやってきた現場においても、**自らの「持ち味」を軽視し、資源分散につながる新たな戦略に対する「納得性」は生まれない**。

たとえ理屈の上では、戦略としての妥当性があっても、「適社性」「納得性」というものさしで測れば、決して実行可能な戦略とは言えない。

まさに**「戦略の暴走」**である。

その後、「農業食品メーカー」へ回帰

その後、同社は大きく軌道修正し、原点回帰した。

本来の「持ち味」を活かした**「農業食品メーカー」**へ回帰し、商品ラインを半数近くに削減、従来の慣行であった卸への押し込み販売を禁止した。

その一方で、**「カゴメらしさの追求」という判断基準**を明確に打ち出し、絞り込まれた商品を一品一品大切にしながら、手づくりで育てていくことに全社の力を結集した。

その結果、キャロットジュース、野菜ジュース、六条麦茶といった「カゴメらしい」ヒット商品が生まれ、トマトケチャップなどの定番商品もさらにシェアを拡大した。

現場の組織能力に裏打ちされた「農業食品メーカーへの回帰」という戦略には、当然のことながら、「適社性」「納得性」が担保されていた。

要点

「戦略」と「実行」は切り離して考えるべきものではない。

実行可能な戦略となるためには、「適社性」と「納得性」が担保されなければならない。

現場から戦略を組み立てる——現場発想の戦略こそが実行性を担保する

それでは、戦略の実行性を担保するためにはどうすればよいのだろう。

その唯一絶対の方法は**「現場から戦略を組み立てる」**ことである。

ロジック偏重の頭でっかちな戦略に陥らないためには、現場の息遣いを肌で感じ、現場にうごめいている新たな市場の潮流や顧客の不満、充たされないニーズをえぐり出し、**自らの「実感」を起点に戦略を考える**ことである。

モノづくりの現場である製造部門に限らず、開発や調達、物流や営業といった顧客価値の創出に直接関わっている現場には、新たな発見、**新たな「戦略の芽」が転がっている。**

自分の足で現場に赴き、自らの目で観察し、自らの耳でさまざまな声を聴くという**「現**

場主義」に徹することが、戦略の実行性を担保する最大の方策である。

「戦略の芽」に気づく感受性、その芽から戦略を組み立てる構想力は必要であるが、その材料はすべて現場にあることを再認識すべきである。

戦略の本質は「自分たちの『得意技』を徹底的に磨き上げる」こと

Ｖ字回復を遂げた日産のゴーン社長は就任当初、全工場、全販売会社を短期間で精力的に回り、その後も現場訪問を足繁く続けている。

しかし、そのこと自体は何ら驚きに値しない。実際、以前の日産の経営者たちも定期的に現場を訪問していた。

問題は、その中身である。

たとえば、ある地方の販売会社を訪問したゴーン社長は、販社幹部は同席させずに、営業マンやサービスマンだけを集め、**現場の従業員の「生の声」を直接聞き出している**。

市場や競争の状況、日産に対する不満など、現場の本音を引き出し、その場で日産本社に具体的な改善を指示する電話を何本もしたという。

「お客様」扱いであったそれまでの役員の現場訪問とは違い、経営者自らが現場の声に耳を傾け、真摯《しんし》に対処しようとするゴーン社長の現場重視の姿勢が強く感じられる。

実際、新生日産の営業戦略やブランド戦略は、こうした現場の声が色濃く反映されたものとなっており、現場における浸透度もきわめて高い。

「現場から戦略を組み立てる」ことは、**自分たちが何が得意で、何が不得意なのかを再認識する**ことにもつながる。著しく組織能力を欠き、「適社性」「納得性」に合致しない遊離した戦略が生まれてくるリスクは小さい。

その一方で、それぞれの企業が持つ現場の組織能力に縛られてしまい、大胆な発想が制限されてしまう、矮小な考え方に陥ってしまうという指摘もあるだろう。

しかし、そもそも**戦略の本質は、「自分たちの『得意技』を徹底的に磨き上げる」**ことにある。

自社の得意技を究め、優位性を構築するためには、現場に立脚した戦略の組み立てがすべての出発点となるのである。

要点

頭でっかちになるな。自分の触覚で現場の息遣いを肌で感じ、戦略を組み立てろ。

答えはすべて現場にある。

第3章

「強い現場」の7つの条件

「強い現場」の成功の方程式

現場に求められる組織能力は、業種の特性やそれぞれの企業の競争戦略によって異なる。消費財や半導体のような比較的「足の速い」事業においては、スピードがなによりも重要だが、重電や電力といった社会インフラを担う事業では、品質や安定供給が欠かせない条件となる。

また、それぞれの企業のポジショニングによる違いも大きい。

リーダー企業はスケールや経験を活かしたコスト優位性が重要である一方、「ニッチャー」はリーダー企業にはない俊敏性こそがポイントとなる。

しかし、業種やポジショニングの違いはあるものの、「強い現場」を持つ企業にはいくつかの共通点が存在する。

それらは「オペレーショナル・エクセレンス」を目指す企業の絶対条件であり、**「成功の方程式」**と言える。

本章では、**「強い現場」をつくるための「7つの条件」**について説明する。

一般の企業が陥りやすい症例を「問題発見」として取り上げながら、**「強い現場」をつくるためには何に気をつけなければいけないのか**を述べていきたい。

第1の条件

企業哲学としての「現場力」

問題発見

大手機械メーカーA社では、新社長の号令のもと、全社的なサプライ・チェーン・マネジメント（SCM）プロジェクトに取り組んでいる。

ムダな在庫を減らし、生産・納入のリードタイムを短くすることで、キャッシュを眠らせず、顧客満足度（CS）を向上させようという狙いである。製造のみならず、営業や調達、技術からもプロジェクトメンバーが任命され、機能横断的なアプローチがとられている。

しかし、社長や旗振りをしている経営企画部は力が入っているが、現場は「またか」という冷ややかな目で見ているのが実状である。

A社ではこれまでにも、社長が交代するたびに全社的QC活動やビジネス・プロセス・リエンジニアリング（BPR）、ERP（エンタープライズ・リソース・プランニング）パッケージの導入など、その折々で最先端といわれる手法やツールを導入しようとしてきた。

しかし、そのどれもが結果としては根付かず、いつの間にか立ち消えになってしまった。

その時々で「打ち手」の切り口は変わったが、問題点を根本的に解決することはできなかったことを現場は痛感していた。

「はやりの横文字の手法やツールを導入しさえすれば、うちの現場はもう少しマシになると、社長たちは考えているのではないか」

現場では、経営に対する不信感が、ひそかに渦巻いていた。

現場力の重要性を腹に落とす

「強い現場」をつくるために最も大切なことは、オペレーション力、すなわち現場力に対するしっかりとした「企業哲学」を確立することである。

「現場こそが企業経営を支える屋台骨であり、競争力を大きく左右する」ということを、経営トップから現場の従業員に至るまで全員に浸透させなければならない。

実際に、トヨタ、花王、ＧＥ、フェデラル・エクスプレスといった内外のオペレーショナル・エクセレンスを誇る企業を調べてみると、**現場力の重要性に対する認識が上から下まで徹底されている**ことに驚く。

こうした企業では、オペレーションを改善していくこと、すなわち「自分たちの仕事を進化させること」自体が仕事であると捉えられ、その姿勢は**企業としての「哲学」や「信念」のレベルにまで昇華されている**。

また、自分の仕事だけを考えるのではなく、「仕事の流れ全体を見渡し、一連の流れをより効率的に、よりスピーディに、そしてより正確にするためにはどうしたらいいか」を考える業務連鎖の発想、全体最適の発想が根付いている。

「改善は永遠であり、無限である」

その一方で、現場力の弱い企業、あるいは現場力を鍛えようとしても途中で頓挫してしまう企業を見ると、概して現場力の重要性に対する認識が表面的であったり、不十分であったりすることが多い。

〔問題発見〕で取り上げたA社がその典型的な例である。

現場力の重要性が哲学や信念として経営者や従業員一人ひとりの「腹に落ちていない」から、オペレーションを改善するにしても、そのための方法論やツールにばかり目が行き、短期的な改善はできても、長期的に粘り強く改善を続けていくことができない。

「トヨタ生産方式」は効率的なモノづくりを行う汎用的な考え方として、内外の製造業がこぞって採用している。

しかし、その実体を見てみると、多くの場合、トヨタが長年の苦労の末に生み出した「ジャスト・イン・タイム」や「カンバン」といったモノづくりの知恵やアイデアを拝借しているにすぎない。

もちろん、それでも非効率を抱えている製造現場では一定の効果はあるだろうが、それではトヨタ生産方式の「魂」を導入したとは言えない。

トヨタでは、**「トヨタ生産方式は経営思想なり」**ということがトヨタの歴史とともに入社以来、繰り返し教育される。

トヨタ生産方式はそもそも、1950年に同社が倒産の危機に見舞われたときに、窮乏の中から生まれてきた思想であり、たんなるオペレーションの方法論ではない。

経営資源に窮していたトヨタにとって、工程間に在庫が溜まれば、それだけで資金繰りは逼迫《ひっぱく》する。

「必要なものを必要なときに必要なだけ生産する」という考え方は、まさに生き残るための経営の知恵であり、基本哲学となった。

手法は時代の変化とともに陳腐化する。

しかし、**その背後にある「哲学」は変わってはならない。**

トヨタの張富士夫社長は**「改善は永遠であり、無限である」**と言いつづけている。

そこには、いつの時代でも「改善を生み出す現場の力こそがトヨタを支えている」という強いメッセージが込められている。

要点

真の現場力は、手法やツールだけに頼っていては確立できない。

現場力の重要性を信念として持ちつづけ、企業哲学のレベルにまで昇華させなければならない。

現場こそがエンジン

なぜ、現場力の重要性を企業哲学のレベルにまで昇華させることが必要なのだろう。

言うまでもなく、現場力による優位性構築は、現場の自発的創意工夫の連続によって生み出されるものである。**現場業務に従事する一人ひとりが、まさに優位性構築の「エンジン」**である。

「自分たちがエンジンであり、経営を支えている」という思想・哲学を全員が共有することがすべての出発点である。

ＩＢＭは90年代初頭に未曾有の経営危機に直面した。

外部から招聘《しょうへい》されＣＥＯに就任したルイス・ガースナーは、疑心暗鬼となっている社員に対して、**「IBMにとって、いま最も必要でないものはビジョンだ」**と訴えた。

新しいリーダーが来て、新しいビジョンやスローガンが出てくると思っていた現場の社員たちは困惑した。

しかし、就任以来現場を回りつづけたガースナーは、「安易に新しいビジョンや戦略を打ち出すべきではない」と強く感じていた。

「社員が『新しい戦略が会社を救ってくれる』という安易な考えに陥らないようにしなければならない。会社を救うのは社員一人ひとりなのだ」

とガースナーは語っている。

業界最強の地位に安住し、変化を嫌う精神がはびこっているＩＢＭに必要なのは、官僚主義をぶち壊し、現場がやる気と主体性を回復することであるとガースナーは見抜いていたのである。

その後、ガースナーは**「ハードからソフト・サービスへ」**と大きく戦略の舵を切り、ＩＢＭを復活へと導いた。

しかし、その根底には**「現場こそがエンジン」**という本質的な思想が流れている。

「全員参加」「徹底してやる」――現場力の本質を表す2つの言葉

こうした考え方は、日本の勝ち組企業にも共通するものである。

トヨタの永遠のライバル、ホンダの吉野浩行前社長は、**「ホンダの競争力の源泉は従業員一人ひとりが生き生きとして、自主自立していることだ」**と断言している。

「自主自立」とは「他者に支配されないで、自分の生き方を責任を持って自分で選ぶ、決める」ことだという。

日本の自動車メーカーの多くが海外メーカーの傘下に入る中で、「独立経営」を維持するためには**社員一人ひとりの「自主自立」が絶対条件**である。

そして、これはたんなるスローガンでなく、「ホンダの基本を支える考え方」、すなわち「基本思想」であると述べている。

8期連続の最高益を記録し、快進撃を続けるリコーにおいても、全員参加型の「現場力経営」を標榜《ひょうぼう》している。

たんなるスローガンに終わらせず、「やるならトコトンやる」を追求している。桜井正光社長は強さの秘密をこう話す。

「重要なのは『いい加減にやらない』ということ。全員参加で、現場における日常活動の中で徹底してやるかどうかがリコーの発展を支えている」

「全員参加」「徹底してやる」——この2つの言葉は**現場力の本質**を表している。

そして、これを実行するためには「現場がエンジン」という考え方・哲学を全員が腹に落として理解しなければならない。

要点
現場こそが価値を生み出すエンジンである。
会社を発展、成長させるのは現場の社員一人ひとりであることを再認識しよう。

価値観・行動規範としての「ウェイ」

現場力重視は、決して現場放任、現場依存ではない。「現場が主役であり、当事者である」という企業運営の根本的な考え方・哲学を示したものである。

強い現場を持つ企業では、こうした考え方や価値観、望まれている行動規範を明文化し、社内に徹底的に浸透させる努力を行っている。

米国の企業では、たとえば「HP（ヒューレット・パッカード）ウェイ」、大手百貨店の「ノードストローム・ウェイ」、大手ホテルチェーンの「マリオット・ウェイ」などが有名である。

ノードストロームでは全社員にたった一枚のカードを規則集として配っているが、そこには、こう書かれている。

> **ノードストロームの規則**
> その一――どのような状況においても、
> 自分で考え、最善の判断を下すこと。
> これ以外の規則はありません。

トヨタでは、「トヨタのＤＮＡ」をわかりやすく解説した**「トヨタウェイ」**の冊子をつくり、全社員に配布すると同時に、２００２年に張社長を学長とするグローバル人材育成機関「トヨタインスティテュート」を設立した。

海外展開がこれまで以上に加速される中で、国際化したグループ従業員に対するＤＮＡの移植が、海外拠点が自律し国内と同等の競争力を確保するための重要な経営課題として認識されている。

先達がどのような考えで仕事をし、知恵を出し、苦境を乗り越えてきたのかを共有し、先達の考え方や知恵を「トヨタのＤＮＡ」として受け継ごうとする努力は中途半端なものではない。

従業員全員が基本哲学に共感し、一人ひとりが実践することが重要

どの企業でも、独自の「ウェイ」を編み出したり、冊子をつくったりすることはできるだろう。しかし、**重要なのは従業員全員がその基本哲学に共感し、一人ひとりが実践すること**である。冊子はその第一歩にすぎない。

現場力を信奉するノードストロームにおいて、新入社員に伝えられる次の言葉が、「基本精神を共有する」ことの重要性を物語っている。

> 「当社では、社員は最大限、自主性を発揮できます。細かいことまであれこれ指図する人間はいません。制約になるのは、本人の能力だけです。しかし、顧客を幸せにするためにはどんなことでもやるという心構えがないのであれば、当社には合っていないのです。そうであれば、入社しない方がいい。社員であれば、そうなるのが当然なのです」

世の中は絶え間なく変化する。

しかし、**「だからこそ変えてはいけないことがあるのだ」**という基本思想を伝えようとする青臭いまでの経営の意志を、トヨタやノードストロームから読み取ることができる。

要点

自社独自の価値観や行動規範、仕事のやり方を「ウェイ」として明文化し、伝承、発展させる企業努力が不可欠である。

第2の条件

脱・事なかれ主義

問題発見

大手家電メーカーB社は、ヒット商品がなかなか出せず苦しんでいた。その一方で、いくつかの商品に欠陥が見つかり、その対応に相当のコストがかかるだけでなく、市場での評判にも悪影響をもたらしていた。

B社は商品別事業部制を敷いており、それぞれの事業部の独立性はきわめて高い。

新商品開発についても、事業部が独自の判断で進めていたが、事業部をまたがるようなユニークな商品が出てこない、技術やノウハウが共有されないという問題が顕在化していた。

そこで、事業部をまたがる「開発会議」を設置し、毎月それぞれの事業部が新商品コンセプトを提示したうえで、議論を闘わせることを始めた。

しかし、最初こそ建設的な意見の衝突が出たものの、回を重ねるにしたがって、議論は乏しくなり、各事業部がプレゼンをし、役員が当り障りのないコメントをしてお茶を濁すという結果になってしまった。

その裏では、自分の事業部のアイデアを通すために、事前にほかの事業部へ根回しをし、方向性の合わない意見が出るのを抑えるという動きが頻繁に行われていた。

たとえ意見があっても、「自分の事業部の商品を議論するときに批判されてはかなわない」と抑えてしまう。開発会議は形骸化し、その後、廃止された。

「見えない境界線」が会社の運営を困難にする

現場力の源泉は業務連鎖にあると述べた。

仕事というものは組織や部門をまたがって、**「チェーン（鎖）」としてつながることによってはじめて価値を生む**。

しかし、概念としてはそのことを理解しても、実際には組織の壁、部門の壁は厚く、情報の断絶が起きたり、意思疎通がうまくいかなかったり、部門のエゴが出てきたりする。

立ち上げたばかりの小さな組織では、創業者であろうが従業員であろうが、その肩書きや、階層、機能に関係なく、全員が同じ目的に向かって複数の仕事をこなすのが当たり前である。

社内のコミュニケーションはきわめて密であり、情報の滞留もなく、意思決定も早い。

会社がいまどんな状態にあるのかが肌感覚でわかり、問題があれば一致団結し、協力することを惜しまない。

ところが、企業が成長し、関わる従業員が増えてくると、当然のことながら、組織は肥大化し、専門化、機能分化していく。

部門や個人の仕事はより明確に分けられ、ほかとの「境界線」がはっきり規定される。拠点も地理的に分散し、コミュニケーションは形式的になり、人間同士の「触れ合い」はどんどん薄くなる。

「ひとつの会社」でありながら、一体感は希薄になり、**「見えない境界線」**が会社の運営を困難にする。

「タコツボ」をぶち壊す

しかし、これはどの組織も避けては通れない**「成長の宿命」**なのである。**放っておけば、壁はできるし、「タコツボ化」するのが自然**なのである。

だから、ある意味では、業務連鎖を核にした現場力は、自然に逆らおうとする経営と現場の意志によって生み出すものなのである。

専門化、機能分化した組織の中で、それぞれの機能組織や部門が自らのミッション・役割を遂行することは重要だが、それはあくまで経営体としての全体最適の発想のもとで行われなければならない。

会社の至るところに「タコツボ」ができてしまい、それがそのまま放置され、**経営が「タコツボの集合体」となってしまっては、現場力を高めることなど到底不可能**である。「事業部の論理」が「経営の論理」に優先してまかり通ってしまっている企業は決して少なくない。

現場とは企業の総合力を働かせるところである。

そのためには、**放っておくとできてしまう「タコツボ意識」を常に払拭する努力、すなわち「ツボ割り」が不可欠**なのである。

要点

組織が成長し、縦割りが進むと、見えない壁がつくられ、タコツボ化が起きてしまう。

意識的に「ツボを割る」努力をしなければ、現場力は発揮できない。

潰すべき問題点は、できるだけ上流の前工程で潰す

現場力とは「自ら問題を発見し、解決する」ことだと繰り返し述べている。

しかし、いくら問題点を発見しても、それを指摘し、知らしめなければ意味がない。**問題に気づいても「言わない」「触れない」では、気づいていないのと同じ**である。**「問題発見」「問題提起」「問題解決」の3つの能力が揃ってはじめて、進化する現場はつくられる。**

業務連鎖においては、**業務上の品質の問題は後工程で露見する**のが一般的である。

トヨタや花王では、「後工程は前工程のお客様」と認識されているから、「後工程は前工程に文句を言うのが仕事」だと理解されている。

前工程がいい加減な仕事をしたり、後工程に負担をかけるような仕事をしているなら、それを指摘して、改善を促す、もしくは一緒に改善するのが後工程の義務だと定義されている。

もちろん、**「前工程に物申す」**ことによって、ギクシャクしたり、意見の対立が顕在化するかもしれない。

しかし、「いい加減な仕事は許さない」といった業務に対する緊張感は「オペレーショ

ナル・エクセレンス」の必須条件である。

いい加減な仕事がそのまま放置されていれば、やがては大きな品質問題や高コストにつながり、結局は顧客を失うことになる。

潰すべき問題点は、できるだけ上流の前工程で潰すのが「強い現場」の行動様式である。

現場力は「健全な意見の対立」があってこそ、鍛えられていく

トヨタや花王では、物事が決定されるまでは、侃々諤々《かんかんがくがく》議論する。しかし、**いったん決まったら、あとは一致団結して、粛々と実行し、結果を出す**。

一方、現場力の弱い企業では、物事が決まるまでは押し黙っているくせに、決定され実行される段階になると、「自分は反対だった」と言い出す人が出てくる。

現場力は「健全な意見の対立」があってこそ、鍛えられていく。

健全なぶつかり合いを避けてはならない。

ギクシャクすることを恐れてはいけない。

トヨタという会社の凄いところは、**愚直なまでに「意見のぶつけ合い」をする**ことである。

ビジネスの世界には、「これが絶対正しい」ということはありえない。同じ事象であっても、それぞれの立場によって見方や判断は異なって当然である。

そうした「異質性」をぶつけ合うことによって、最適な結論は導かれ、組織的な納得性も生まれる。

共通の目標に向かった「健全な対立」を創造する

一方、ゴーン社長が就任する前の日産では、縦割り組織の弊害による「タコツボ化」が蔓延し、部門を越えた協力をとりにくい状態に陥っていた。

そうした企業内の壁を突き破るために導入されたのが**「マトリクス組織」**である。

どの自動車メーカーも新車開発においては、すべてのとりまとめを行うプロジェクト・リーダーを設置し、そのリーダーの指揮のもと、さまざまな部署が協力しながら開発を進めていくのが一般的である。

トヨタでは「主査」と呼ばれ、日産では「商品主管」と呼ばれていた。

日産はこの花形ポストを廃止し、異なる視点・経験を持つ5人のチームによる開発体制へと変えたのである。

これは自動車業界におけるこれまでの「常識」を覆すきわめて大胆な変革であった。

・商品企画を担当＝CPS（チーフ・プロダクト・スペシャリスト）
・生産を担当＝CVE（チーフ・ビークル・エンジニア）
・デザインを担当＝PCD（プロダクト・チーフ・デザイナー）
・販売・マーケティングを担当＝CMM（チーフ・マーケティング・マネージャー）
・全体に横串を刺す形でチームをまとめる＝PD（プログラム・ダイレクター）

この5人が対等な立場でチームを形成し、新車を成功させるためにあらゆる側面から徹底的な議論を行うのだ。

デザインや機能、価格や販促手法など新車を成功させるために必要なすべての要素において、チーム全員が意見を述べ、愚直なまでに議論を繰り返す。

そこには、かつての日産にはびこっていた「長いものには巻かれろ」式の事なかれ主義や妥協が入り込む余地はない。

新生日産がマーチやキューブキュービックのような斬新な新商品の投入に成功している背景には、**共通の目標に向かった「健全な対立」の創造**がある。

要点

異質のぶつかり合い、健全な対立こそが、現場力を高める起爆剤である。
意見の衝突やギクシャクすることを避けてはいけない。

行動様式という「ソフトウェア」を変える

日産に限らず、現場の持つ創造性を組織の壁によって阻まれているケースは、海外でも目につく。

ＧＥでは１９８０年代後半から、**「ワークアウト」**という業務運営手法を導入し、見えない組織の壁の破壊を開始した。

ＣＥＯに就任したジャック・ウェルチは、「ナンバー1かナンバー2の事業しか残さない」という戦略方針のもとで、大胆な事業の構造改革と人員削減をいっきに進めた。

しかしその一方で、従業員数は25%減ったにもかかわらず、官僚的な体質、「タコツボ的」な仕事のやり方は変わっておらず、現場は悲鳴をあげていた。

現場を訪問して、実態を直視したウェルチは、煩雑な社内の手続きや承認を求める官僚主義や、会社よりも自分たちの部署やグループに対して帰属意識を持つ現場を鍛え直さなければ、新生GEのオペレーションは回っていかないと感じた。

ウェルチはこの状態を後に**「会社の『ハードウェア』は変わったが『ソフトウェア』はそのままだった」**と述懐している。

「ワークアウト」は、そうした背景から生まれてきた。

「ワークアウト」とは、そもそも「鍛える」という意味である。

「タウンミーティング」と呼ばれる機能横断的なミーティングを職場ごとに設け、組織の壁や階層を越えてさまざまな課題を共有し、議論し、解決する活動が全世界的に展開された。

それはまさにタコツボを越えて、「Speak up」する場である。

GEでは世界中の現場で、すでに数十万回ものタウンミーティングが開かれている。

GEは「シックスシグマ運動」で有名だが、じつはこうした草の根的な活動があったからこそ「シックスシグマ」は成功したのである。

「形」だけつくって満足では、事なかれ主義はなくならない

しかし、**会議体やプロジェクトをつくったからといって、「健全な対立関係」が自然発生的に生まれるわけではない**。

たとえば、「問題発見」で示したB社のように、商品開発において新商品のデザインや性能、品質などを設計段階でチェックするために、「デザイン・レビュー」と呼ばれる機能横断型の会議体を設けているメーカーは多い。

その考え方自体は妥当だが、実態を見ると、本来侃々諤々議論することが目的でありながら、当り障りのない意見が述べられるだけの形骸化されたセレモニーと化しているケースが目立つ。

営業やマーケティング、生産、調達といった異なる機能を担う部署から、それぞれの観点にもとづいた鋭い突っ込みがあってこそ、設計段階での品質は担保できる。

しかし、事前の根回しが横行したり、自己主張のない参加者だけで儀礼的に行われているデザイン・レビューがじつに多い。

会議体やプロジェクトをつくることは、いくらでもできる。

そうした**「形」だけをつくって満足していたのでは、事なかれ主義はなくならない**。

重要なのは、一人ひとりの「行動」である。

すべてのことに対して、自分の意見を持つ。そして、それを発言する勇気を持つ。まわりもほかの人の意見に耳を傾けるゆとりを持つ。

その積み重ねこそが、**自由闊達《かったつ》な企業文化**をつくっていくのである。

要点

戦略や組織は会社のハードウェアにすぎない。価値観、行動様式というソフトウェアを変えよう。一人ひとりの「行動」がその起点である。

第3の条件

主権在現

問題発見 !

大手エネルギー会社C社は、これまで本社主導の経営を行ってきた。経営計画、事業戦略、その詳細な実行計画に至るまでを本社が取り仕切り、現場はそれを実行するだけという役割分担であった。

本社が決めた方針やガイドラインがたとえ現場の実状に沿わなくても、そうした意見が取り上げられ、修正されることはめったになく、現場も意見具申すら行わないようになってしまった。

C社の新社長は、こうした官僚主義的な企業運営を改め、現場に近いところでの意思決定を促進しようと試みた。

組織もこれまでの多階層をなくし、フラットでシンプルなものにした。

しかし、「与えられた問題を解決する」ことはできても、「自ら問題を発見し、能動的に解決する」ことに不慣れな現場は、自らの責任を拡大させることに臆病になっていた。

しかも、現場を信用していない本社は、予算立案や業務運営の権限を現場に委譲することに及び腰であり、たとえ権限を部分的に委譲しても、かえって本社による管理が強化されるという皮肉な事態を招いていた。

「従業員を『商店主』に変える」のが、ドン・キホーテの強さの秘密

繰り返し述べるように、「強い現場」とは「自ら問題を発見し、解決する」自律した現場のことである。

上からの指示があるから動くのではなく、自分たちの意志で主体的、能動的に進化を求める現場のことである。

そのために必要なのは、現場の力、やる気を尊重し、権限委譲を徹底することである。

ドン・キホーテの安田隆夫社長は、それを**「主権在現」**と呼ぶ。

同社の強さの秘密は、**「従業員を『商店主』に変える」**ことにある。

雇われ気分を脱し、一国一城の「商店主」の意識へと変える最も効果的な方策は、**責任と権限を現場に持たせる**ことである。

安田社長は「商売の喜びは、自分のリスクで仕入れて、値段をつけ、狙い通りに売れたときにはじめて味わえる」と断言する。

しかし、**権限を現場に与えたからといって、現場の主体性が自動的に生まれるわけではない。**

「問題発見」で取り上げたC社のように、「私、計画をつくる人」「あなた、計画を実行

する人」という区分けに慣らされてしまった会社では、形だけの権限委譲を行っても、かえって混乱を招くだけである。

どのような責任を果たすためにその権限が必要なのかということを現場が腹に落として理解しなければ、「宝の持ち腐れ」で終わってしまう。

トヨタの製造ラインでは、何か問題が発生すると個々の従業員が「ラインを止める責任」を負っている。問題や異常に気づいたものがただちにラインをストップさせなければ、不良品の山ができてしまう。

だからこそ、ライン従事者に「ラインを止める権限」が与えられているのである。

「責任」と「権限」は表裏一体

ヒューレット・パッカード（HP）の創業者のひとり、デービット・パッカードは、現場の持つ責任感を象徴する体験をした。

ある工場の視察に出向いたパッカードは、機械工がプラスチック型を磨いてつくっているところを、しばらく立ち止まって見ていた。何気なく手を伸ばして、型の表面をぬぐったとたん、機械工は「俺の型に触るな」と叫んだ。

パッカードはビックリすると同時に、非常に喜んだという。

「機械工の言ったことは正しかった。彼には大切な仕事があり、自分の仕事を誇りに思っている。彼のような仲間がいることを私は誇りに思う」

「責任」を担うことによって緊張感や当事者意識が芽生える。

それが「権限」の適切な行使につながるのである。

要点

現場の意志、責任感こそが、現場力の推進力である。

そのために必要な権限は、現場に与えなければならない。

「現場の自主性」「起業家的風土」が3Mの最大の強み

現場の自主性が高く、次から次へとアイデアが湧き上がってくる創発的な会社の典型が

３Ｍである。

「ポスト・イット」や「スコッチ・セロハンテープ」などの発明は、現場の創意を最大限に尊重した同社の企業風土から生まれている。

上司に隠れて研究開発を進める**「ブートレッギング」（密造酒造り）**に象徴されるような、**「現場の自主性」「起業家的風土」が３Ｍの最大の強み**である。

「３Ｍでは現場からアイデアが次々と湧き上がってくる。多すぎて整理するのが大変なくらいだ。私自身がよいアイデアを持っているわけではない。私の仕事は優れたアイデアを現場から引き出すことにすぎない」

ＧＥから３Ｍに移ったジェームス・マックナーニ会長は、熱っぽく語る。

トップダウン的な「上意下達」ではなく、ボトムアップの「下意上達」

３Ｍのようなグローバル企業でなくても、現場の知恵で成長を続けている企業は存在する。

イトーヨーカ堂などの物流センター運営を受託し、急成長を遂げているハマキョウレックスでは、現場業務に従事するパートやアルバイトの能力をフルに発揮させている。

商品の仕分けやラベル貼りなどの作業は、商品カテゴリーごとに5〜10人程度のチームを組み、作業チームの班長もパートやアルバイト全員が日替わりで務める。

生産性の向上、作業品質の向上などの改善をチームごとに競わせ、時間当たりの作業量を改善させた人には、年2回の昇給で報いている。

物流という労働集約的な業種にもかかわらず、同社は売上高経常利益率7%という高収益性を誇っている。

その源泉は、まさに**パート・アルバイトによるボトムアップの現場力**なのである。

効率性の追求にしても、新たな価値の創出にしても、そのアイデアは現場に眠っている。

トップダウン的な「上意下達」ではなく、ボトムアップの「下意上達」。

現場を信じ、尊重し、権限を徹底的に委譲する。

それが現場の隠れた力、エネルギーを引き出すのである。

「失敗する権利」「間違える権利」を現場に認める

「主権在現」のもうひとつのポイントは、**「失敗に対する寛容性」**を持つことである。現場でのチャレンジは決して成功ばかりではない。

むしろ、試行錯誤しながら、悩みながら現場は鍛えられていく。

「失敗する権利」「間違える権利」を現場に認めることによって、「強い現場」はつくられていく。

17年連続で2桁増益を続けている化粧品世界最大手のロレアルでは、創業以来**「誰でも間違える権利がある」**を不文律にしている。

たとえミスを犯しても、もう一度別のポジションでチャンスを与える。

ミスを恐れるばかりに社員が事なかれ主義になるよりも、リスクをとって挑戦する気持ちを現場に植えつけることが同社の競争力の源泉となっている。

ロレアルの社内組織は、小さい部門で4～5人、大きなところで数百人というチームに分かれていて、社内ではこれを「船」にたとえている。

小さなボートから大きな貨物船まで**それぞれに「船長」がいて、権限委譲を徹底**している。

結果を出し、成功した者は次々とより大きな船に乗り換えていく。失敗した場合でも、小さな船に戻ったり、スピードが要求されない船に移ったりして、再度チャレンジするチャンスを与えている。

２６００万枚ものフリースを売り上げ、一躍、カジュアルウェアの代名詞となった「ユニクロ」を展開するファーストリテイリングの創業者・柳井正会長は、次のように指摘する。

「失敗するのは当たり前。誰だって失敗するし、失敗することを恐れていたら、新しいものは何も生まれてこない」

目先の成功・失敗だけにとらわれず、中長期の観点から現場の力を最大限に引き出すことこそが、まさに経営者の役割である。

要点

「下意上達」で現場に眠っているマグマを呼び起こせ。

「失敗する権利」こそが最大の権限である。

第4の条件

自律的サイクルを埋め込む

問題発見

大手エレクトロニクスメーカーD社では、全社業務改善運動を展開した。

営業や間接部門を含む社内の全部門を対象に、業務の棚卸しを行い、改善機会を見つけ、組織全体の生産性を高めようというのが狙いである。

部署ごとに改善提案数のノルマを設定したこともあり、展開を始めた当初は、相当数の提案があげられた。

なかには、大きな効果の見込める提案やユニークなアイデアもあり、社長表彰の対象となったり、運動の展開状況を知らせるホームページなどで紹介された。

しかし、1年が経ち、全社的な運動から各現場の自主的な活動へと移行したとたんに、火が消えたように熱が冷めてしまった。

意欲的に取り組んでいた現場でも、旗振り役がいなくなり、また日常的な業務の中に埋没してしまった。せっかくの改善提案も実行に移されないものが大半であった。

運動はイベント的な「お祭り」で終わってしまい、現場に根付くことはなかった。

PDCAサイクルを回しつづける

オペレーションの進化に終わりはない。

トヨタの張富士夫社長が指摘するように、**「改善機会は無限であり、改善は永遠である」**。常によりよい仕事のやり方を追求していくことこそが、「オペレーショナル・エクセレンス」の本質である。

「問題発見」にあるD社のように、全社的な号令、掛け声があるときは熱心に取り組むが、それがなくなるとやめてしまうというのでは、「強い現場」をつくることは不可能である。

そのためには、それぞれの現場で、**「Plan-Do-Check-Action」**の**PDCAサイクル**が確立していなければならない（図表3-1）。

業務標準や業務ルール（Plan）にもとづいて仕事を実行し（Do）、その仕事の結果を検

図表3-1　PDCAサイクル

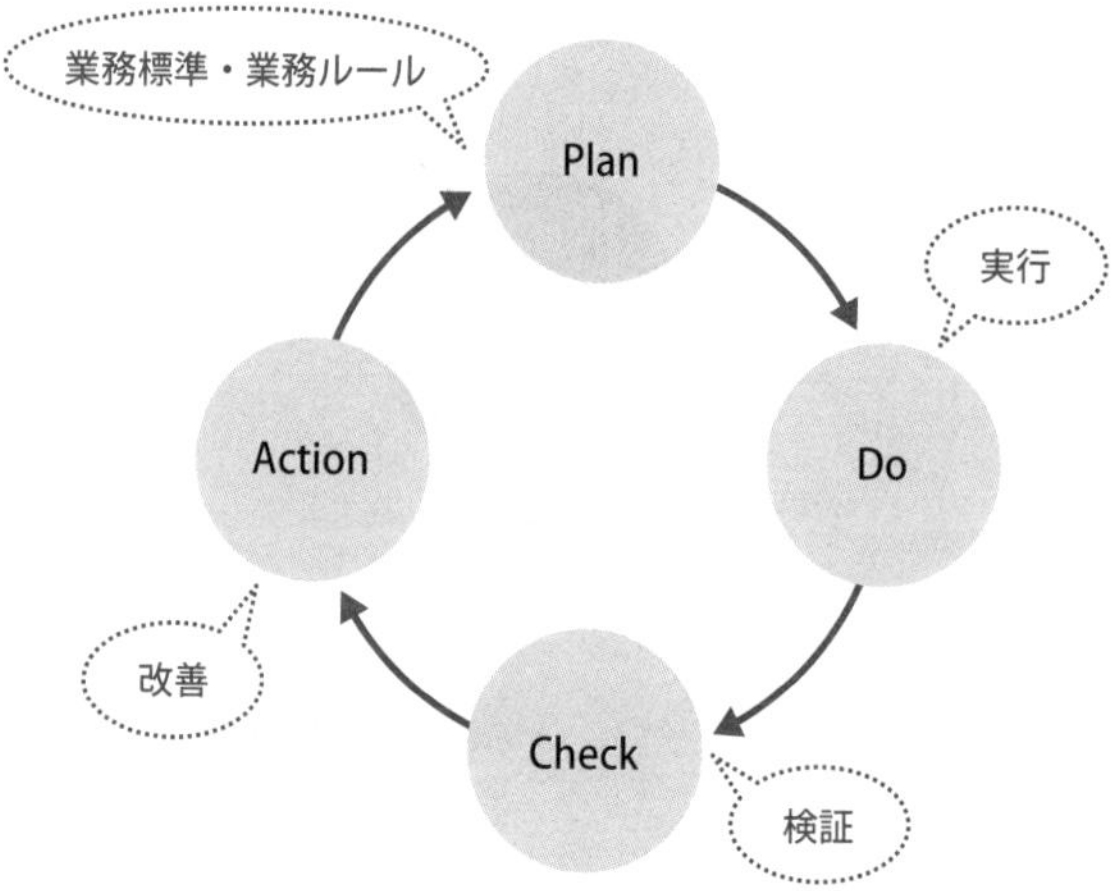

証し（Check）、よりよい仕事のやり方に改善（Action）する。

こうした**一連の自律的なサイクルが継続的に回るような仕組み**こそが「強い現場」の推進力である。

思考停止に陥らない

その際に重要なのは、「業務標準や業務ルールというものは、あくまで仕事をよりよくするための出発点にすぎない」と認識することである。

仕事のやり方は本来固定的に考えるものではなく、刻々と変化すべきものである。

しかし、多くの企業では、業務標準は「こうすべきもの」と定義され、その結果、

図表3-2　PDCAからPDCAAへ

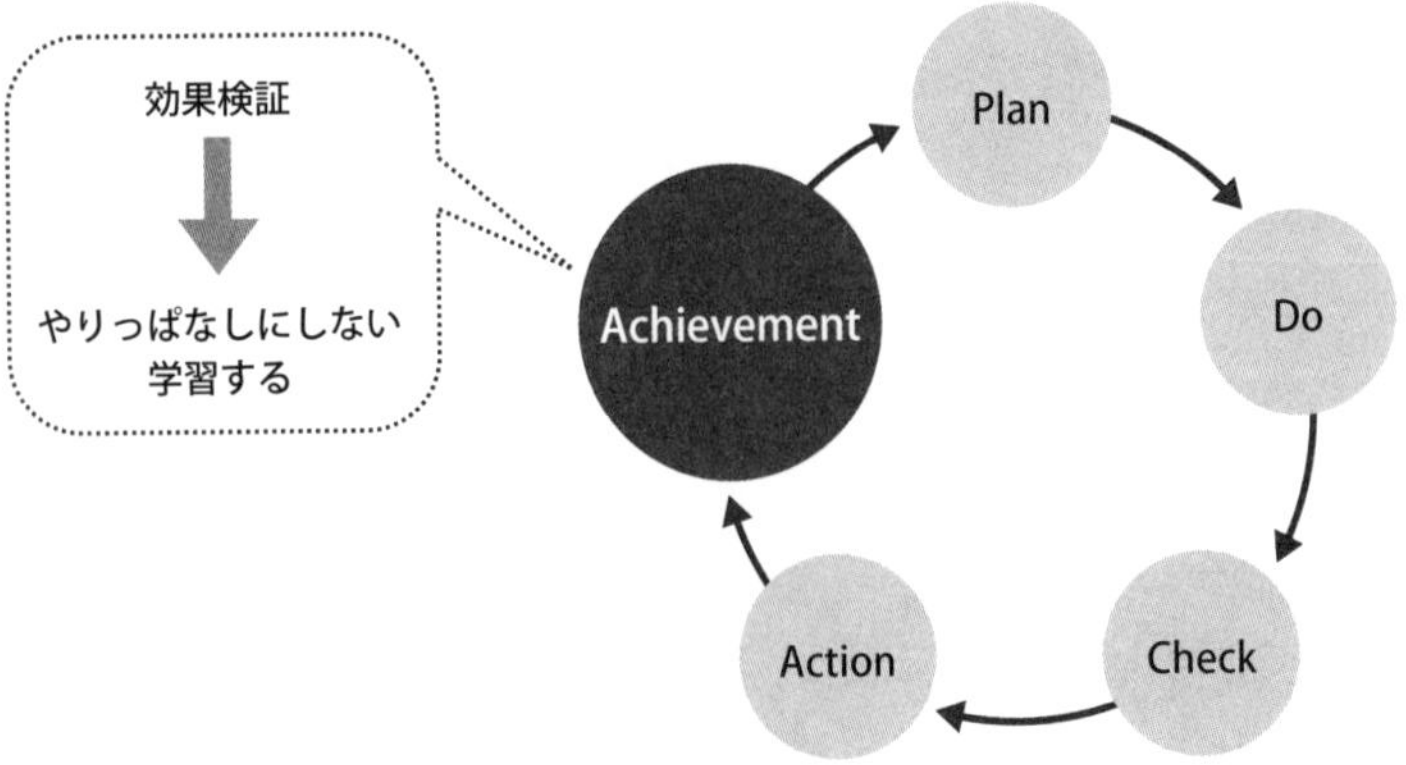

業務がルーチン業務と化してしまう。

ルーチン業務の固まりになった現場は、思考が停止してしまい、創意工夫が生まれず、進化が止まってしまう。

ＰＤＣＡサイクルが定着しているトヨタでは、さらに進化して**「PDCAA」**という新たなサイクルが展開されている（図表3−2）。

これは従来のサイクルに**「Achievement」（効果検証）**というステップを加えたものである。「改善」すなわち「Action」がどのような効果をもたらしたのかをきちっと検証することが重要であることを再認識しようとするものである。

改善することに満足してしまうことを戒め、常に改善の「質」を問い、**「やりっぱなしにしない」という現場の覚悟**があらわれている。

要点

PDCAサイクルを回しつづけることによって、進化する現場が生まれる。
「Achievement」（効果検証）を加えて、改善の質を高めよう。

「5回のなぜ」を繰り返す

トヨタ生産方式の生みの親である大野耐一氏は**「5回のなぜを繰り返せ」**と言いつづけた。

「なぜこの仕事をやっているのか」

「なぜこのやり方なのか」

といった根本的な問題意識から「なぜ」を繰り返すことによって、思考回路が回り出し、いろいろな気づきが生まれる。

しかも、「なぜ」を1～2回で止めずに、**「なぜ、なぜ、なぜ」と5回は問い返すことで、より本質的な問題点に辿り着く**ことが可能になる。

問題点の本質に遡って、真因を突き止めようとするこの姿勢を**「源流主義」**と呼ぶ。

図表3-3　「5回のなぜ」（防音材プレス工程の例）

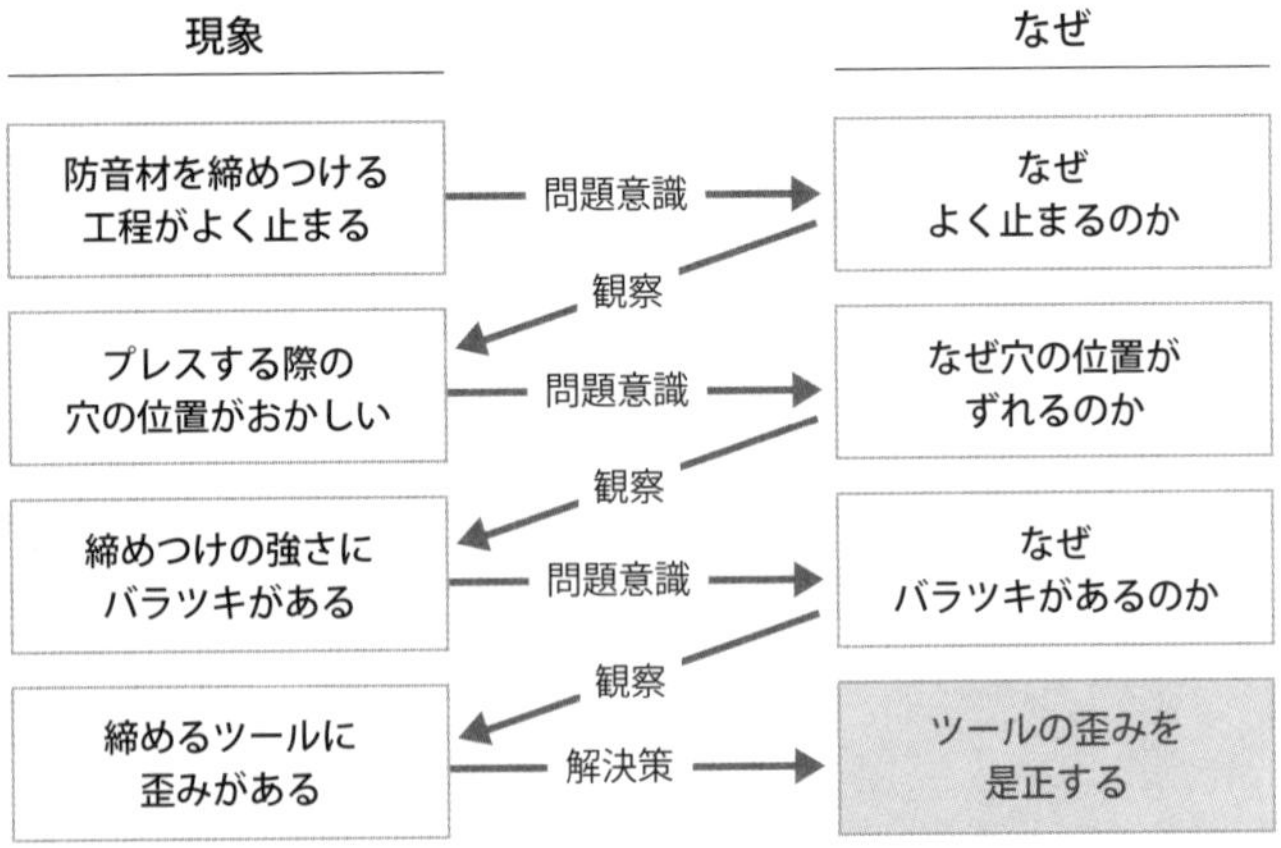

大野耐一氏の薫陶を受け、トヨタの歴史上6人しかいない技監という役職に就いた林南八氏の事例は、「5回のなぜ」の深さを物語っている（図表3-3）。

林氏が組み立てラインのうち、マフラーの防音材を締めつける工程がよく止まることにあるとき気づいた。

「なぜよく止まるのか」という問題意識を持ってじっと観察していると、防音材をプレスする際の穴の位置がおかしいことに気づいた。

「なぜ穴の位置がずれるのか」とさらによく観察すると、防音材の締めつけの強さにバラツキがありそうだと思いついた。

実際にプレス工程に行って、防音材を強く押さえながら締めつけると、ぴたりと入ることがわかった。

「なぜ締めつけの強さにバラツキが生じるのか」とさらに観察すると、防音材を締めるツールにわずかながら歪みがあることを発見した。

「工程がよく止まる」という症状から**「なぜ」を繰り返し、「ツールの歪み」という真因に辿り着いた**のである。

改善提案の91％が実際に採用されているトヨタの凄さ

世の中には「改革」という言葉に踊らされて、改善を軽視する風潮があるが、トヨタや花王が実践している改善は、じつに奥が深い。

表面的な症状だけで右往左往していたのでは、本質的な問題を解決することはできず、改善すらできない。

「5回のなぜ」を繰り返し、自律的なＰＤＣＡを回しつづけるトヨタで、1年間に現場から出される改善提案数は61万件にも及ぶ。

過去数十年にわたり、改善活動を継続してきたにもかかわらず、いまだにこれだけの改善提案が出されることは驚異としか言いようがない。

しかし、**トヨタの本当の凄さはこうした改善提案のじつに91％が実際に採用され、現場**

で効果を上げていることである。

多くの企業がトヨタを真似て、全社的な改善提案活動を展開している。そして、それなりの改善提案数を集めているケースも少なくない。

しかし、その後を辿ってみると、**「提案の出しっぱなし、言いっぱなし」になっていることが圧倒的に多く、実際に改善提案が効果を上げている事例は稀**である。

こうした企業では改善活動が一過性的な「イベント」と位置付けられ、日常的な活動にまで高められていないのである。

> **要点**
> 問題点の源流まで遡って、真因を特定する。
> そのためには「5回のなぜ」がきわめて有効である。

「場」をつくる

ＰＤＣＡを継続的に回すために重要なのは、**問題発見を共有し、問題解決を議論する**

図表3-4　「場」の設定

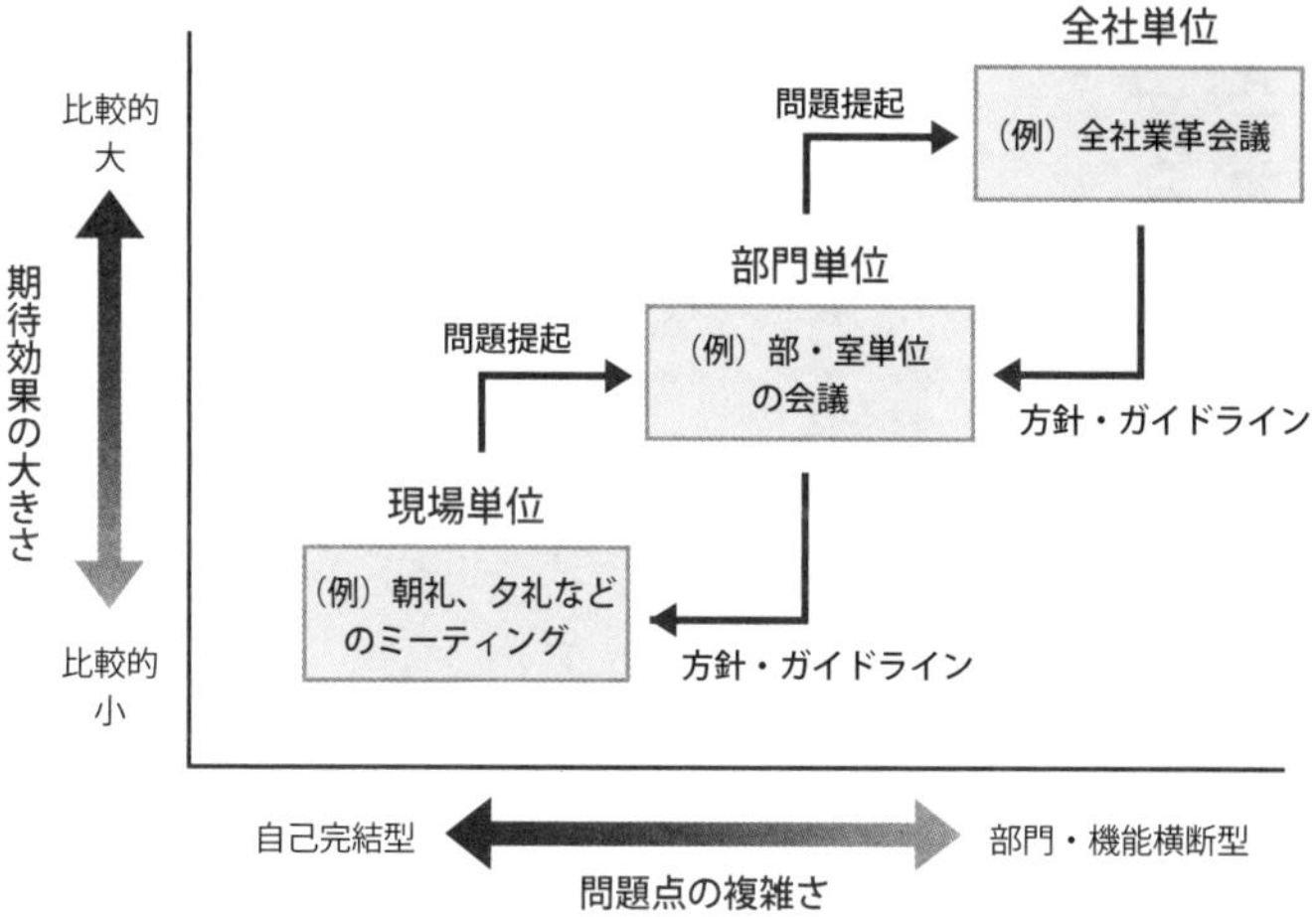

「場」を設定することである。

改善のレベルに応じて、複数の「場」を使い分ける必要がある（図表3－4）。

①現場単位

現場で発生する問題点を日常活動として共有、討議する。

一般的には、**朝礼や夕礼という定例ミーティングを活用することが有効**である。

トヨタの商品開発の現場では、「朝市」と呼ばれる「場」で毎日課題の棚卸しを行い、「夕市」と呼ばれる「場」で解決策の討議や共有を行っている。

②部門単位

部・室の単位で部門内の課題の棚卸し、解決策の検討を行う。

前述のトヨタの開発部門では、「フォーラム」と呼ばれる業務改善ミーティングを毎月開催し、部門内の大きな問題点に関する改善を議論している。

ＧＥのワークアウトも部門単位の「場」の例として挙げられる。

③全社単位

全社活動として問題共有・解決を行う。イトーヨーカ堂やワタミの業革会議が例として挙げられる。

セブン-イレブンでは、全国1万店のフランチャイズ店を経営指導するオペレーション・フィールド・カウンセラー（ＯＦＣ）１５００人を、毎週火曜日に本社に集め、情報共有を徹底させている。

その費用に年間数十億円かかるが、ダイレクト・コミュニケーションが情報共有、方針の徹底には不可欠なのである。

これらの「場」は、ＰＤＣＡを回しつづけるための重要な仕掛けである。

「言いっぱなし、やりっぱなし」にせず、粘り強く改善をやりつづけるという「粘着質のDNA」をつくるためには、「場」を上手に設定し、活用することが肝要である。

要点

発見した問題を共有し、解決策を討議する「場」を、さまざまなレベルでつくり、やりつづける。その結果、粘り強い企業体質が生まれてくる。

第5の条件

見える仕組み

問題発見 !

大手設備機器メーカーE社では、近年製品の品質問題が多発していた。顧客からのクレームは、代理店や営業所経由で該当する事業部の品質保証部門へと上げられ、対策が講じられた。

しかし、E社では事業部制が敷かれており、E社が抱える製品全体の中で、どういった品質問題がどういう理由で起きているのかの全体像は誰も把握していなかった。

代理店や営業所から送られてくるクレーム票は事業部の中にだけ埋没し、ほかの部門と共有されることはなかった。深刻なクレームは経営会議で取り上げられたが、その他の品質問題は事業部の中で握り潰されるのが常態化していた。

そのため、「類似した技術問題によって、似たようなクレームを複数の事業部が起こす」という事態まで招いていた。

問題のある素材や部品に関する情報も共有されていなかった。

それぞれの事業部で、どのようなクレームが発生し、どういう対処がなされているのかがブラックボックスとなり、見えていない状況に陥っていた。

問題点を顕在化させる「見える化」「見える仕組み」

「強い現場」は自ら問題を発見し、解決することによってつくられていく。

問題は強い現場をつくる「栄養素」みたいなものであり、**問題が存在するから人間の知恵が生まれる**のである。

問題がない現場は存在しない。どんな現場にも大小さまざまな問題が起きている。

しかし、そうした**問題が故意に隠蔽されたり、意図的ではないにせよ、個々の担当者に抱え込まれてしまっているケースが、じつに多い**。

ある中堅重電機メーカーでは、経営陣へ報告する数字をよく見せるため、工場は受注の見込みだけで売り上げを確定させ、取引先への与信も甘くなっていた。

その結果、見かけの売り上げは上がっているものの、不良在庫や不良債権が膨れ上がってしまった。

その会社の社長は、「隠されているヘドロに気づかなかった」と述べたが、その代償はあまりにも大きかった。

現場力を鍛えるうえで最も重要なのは、問題点をさらけ出し、「見える」ようにすることである。

もちろん個々の担当者の自主的な解決に委ねることができる問題はまかせればいいが、個人の力では解決が容易ではない問題、解決の進捗が遅れているような問題は、**問題そのものの存在を顕在化させることが解決への第一歩**である。

問題点が見えることによって、問題に対する組織としての意識が高まり、知恵も出てくるのである。

これをトヨタでは、**「見える化」「見える仕組み」**と呼んでいる。

図表3-5　アンドン

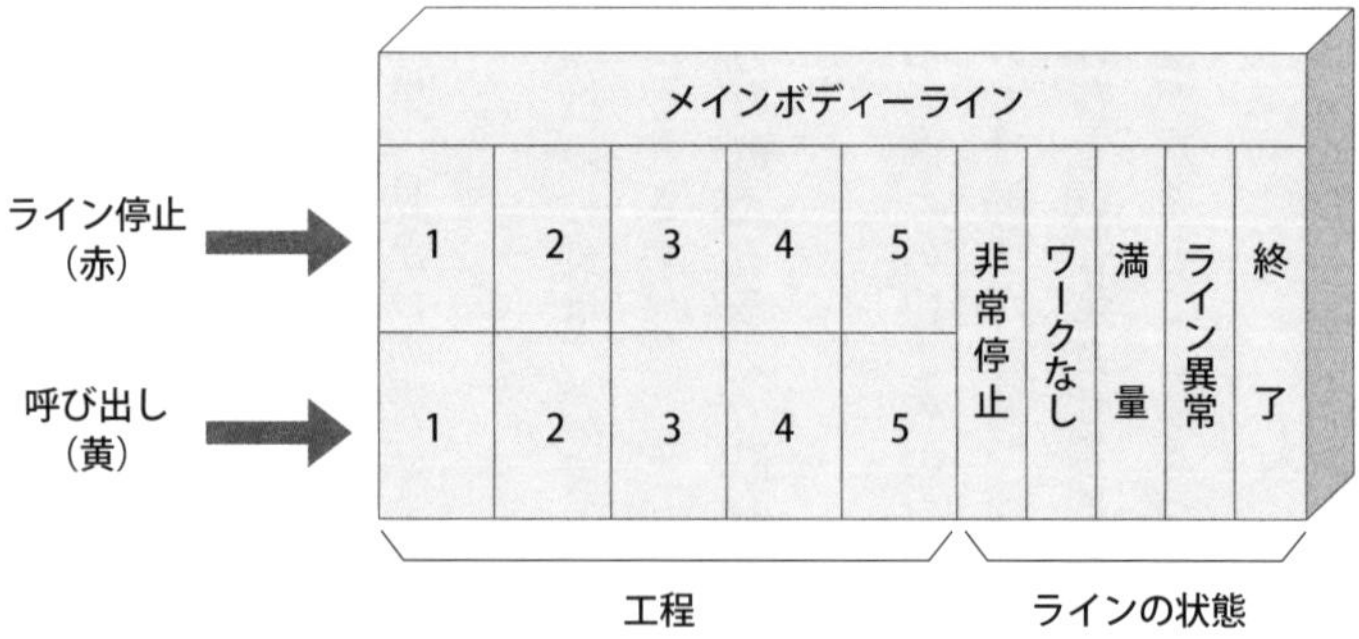

トヨタにおける「見える化」の典型例が「アンドン」

トヨタにおける「見える化」の典型例が**「アンドン」**である（図表3－5）。

これは各工場の製造ラインに吊り下げられている掲示板のことで、各工程や機械が稼働しているのか停止しているかをランプで表示したものである。

現場の管理者や監督者は工場のどこにいても、これを見れば現場の状況がわかるようになっている。

「アンドン」を点灯させる責任と権限は、各ラインの担当者に委ねられている。

担当者は問題や異常を認知すると、頭上のひも付きスイッチを引っ張る。

すると、その工程の表示が「黄色ランプ」に変わり、監督者が駆けつけ、その場で対応策を協議、実施する。

対応策が施され、問題が解決すると「緑ランプ」に戻るが、ラインを停止させなければならない場合には「赤ランプ」に変わり、あわせてライン停止の原因（非常停止、ライン異常、ワークなし、満量）も表示されるようになっている。

「見える化、言える化、直せる化」を推進する

「見える化」のもうひとつの本質は、**現場で起きている事象を可能な限り「数値」として把握する**ことである。

トヨタグループの源流企業である豊田自動織機の製造現場では、「見える化」をさらに進化させて、**「見える化、言える化、直せる化」**を推進している。

同社の工場では、コストや在庫に始まり、不具合の発生件数など工場内のすべてのものを可能な限り「数値」として把握する「見える化」からスタートし、それらの数字からどういう問題点があり、どうすればいいのかを指摘できる「言える化」に移行する。

そして最終的には、その説明を行動に移し、問題を解決する「直せる化」を実現する。

「見える化」は決して製造現場に限ったことではない。

図表3-6　「見える化」の例（営業所から送られてくるクレーム票の現物が貼り出され、対策の進捗過程が「見える化」されている）

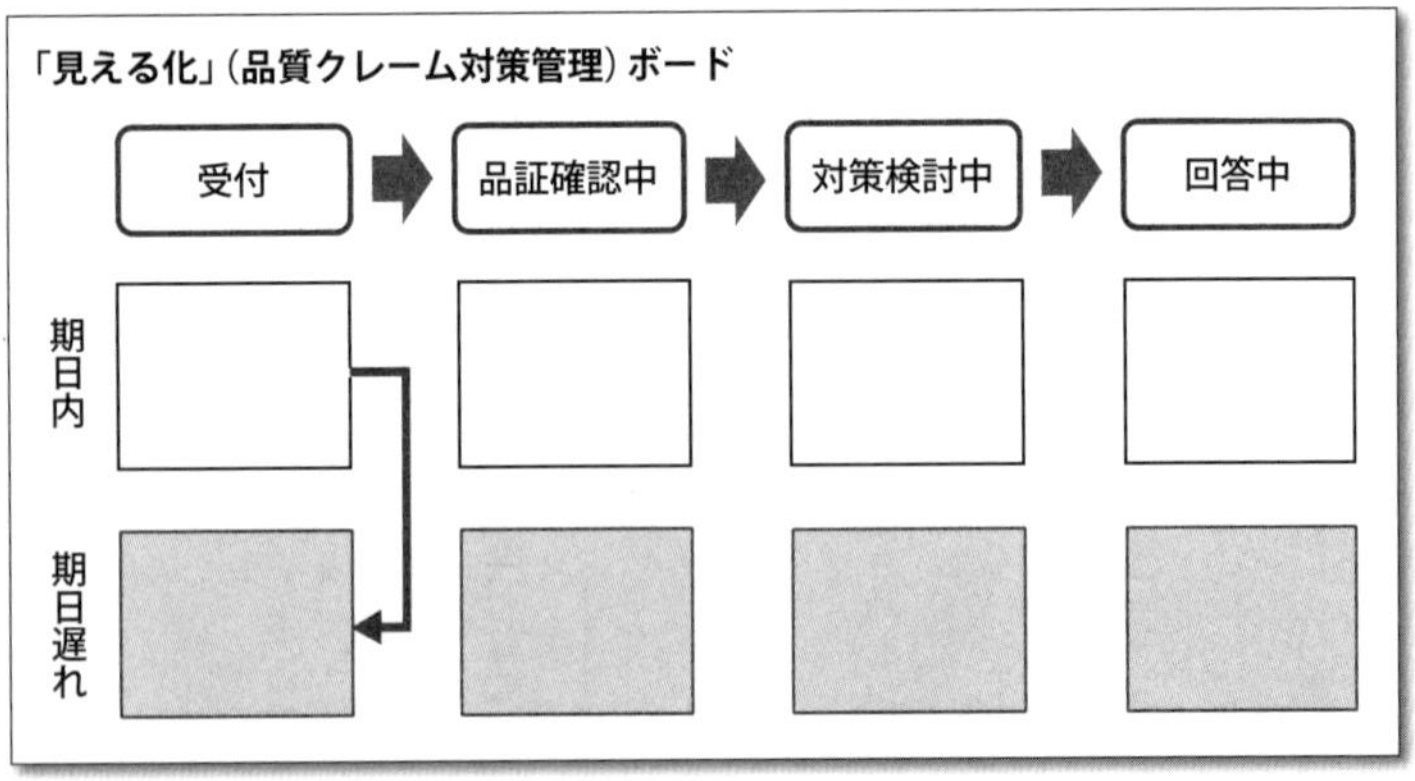

ある大手の住宅関連設備メーカーでは、商品開発の現場で「見える化」を導入している。新商品の開発日程表を壁に張り出し、進捗状況が一目でわかるようになっている。

さらに、顧客から寄せられたクレームについても、担当者ごとにクレーム票の現物が手づくりの「見える化」ボードに貼り出され、どういった内容の技術問題が、どのくらい発生しているのかが一目瞭然となるような工夫がなされている（図表3-6）。

対策が済んだものについてはそのボードから外されるが、対策が遅れているものについてはボードの赤ファイルに移され、組織としての対策が講じられることになる。

前出のワタミでは、顧客からのアンケートすべてに店舗名と日付を入れて、業革会議出席者全員に配布する。

これも一種の「見える化」である。

現場で起きている問題点の大半はこのアンケートに凝縮されており、そこを起点に問題発見、問題解決につなげていくことが可能となるのである。

要点

問題点が「見える」こと。それがすべての出発点である。

何を「見える」ようにすべきか

「見える仕組み」は、決して問題点の「見える化」だけではない。問題発見から問題解決に至るＰＤＣＡのサイクルの中で、さまざまな「見える化」の工夫がされなければならない。

「見える」対象となるのは、次の４つである（図表３−７）。

図表3-7　4つの「見える仕組み」

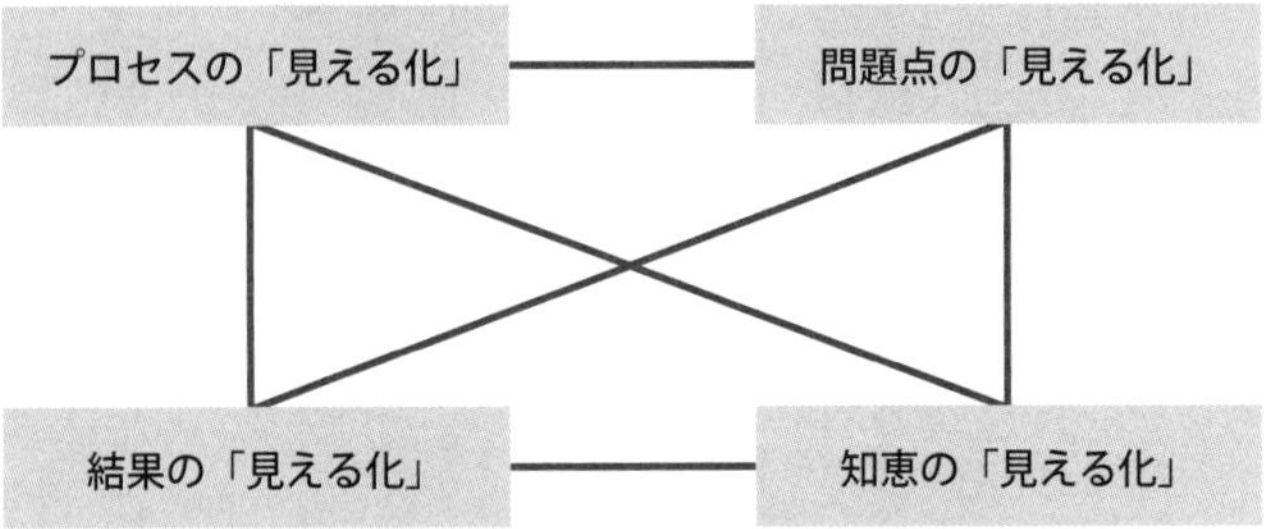

①プロセスの「見える化」

全体の仕事の流れがどうなっているのか、自分の仕事の前工程、後工程は誰が担っていて、どういうことをやっているのかなど、**業務プロセスの全体像が見える**ようになっていなければならない。

業務連鎖の意識を高めるためにも、プロセスの「見える化」は不可欠である。

②問題点の「見える化」

トヨタにおける「アンドン」やクレーム票の掲示、ワタミにおける顧客からのアンケートの配布などの例に見られるように、**問題点を隠さずに「さらけ出す」ことが問題解決の出発点**となる。

それぞれの業務、業務連鎖において「品質」「コスト」「スピード」の観点から問題が浮き彫りになる「見える仕組み」を工夫しなければならない。

③知恵の「見える化」

問題が発見されても、知恵や工夫がなければ問題解決は実現しない。

それぞれの現場における創意工夫こそが知恵の源泉であるが、その一方でさまざまな現場で取り組まれた効果的な知恵を共有することによって、現場の組織能力を高めることが可能となる。

これは、**属人的な「暗黙知」を、より汎用化された「形式知」にする**ことである。

現場力を誇る企業の多くが、ナレッジ・データベースなどを構築し、知恵の「見える化」に取り組んでいる。

④結果の「見える化」

ＰＤＣＡサイクルを回すうえで重要なのは**「やりっぱなし」にしないこと**である。

せっかく知恵を出して、改善に取り組んでも、その効果を検証しなければ、次の改善につながらない。

結果検証で有効なのは、なんといっても「数字」である。

「品質」「コスト」「スピード」がどの程度改善されたのかを「数字」で把握することによって、結果が一目瞭然となる。

こうした指標を**「ＫＰＩ」**（Key Performance Indicator）と呼ぶ。

たとえば、スピードを測定する場合には、「製品の納入リードタイム」「製品開発のスピード」「顧客からの問い合わせに対応するスピード」などの指標をあげることができる。

要点

「プロセス」「問題点」「知恵」「結果」の４つが「見える」ことによって、現場の進化が生まれてくる。

「ＫＰＩ」を上手に使いこなしている企業は少ない

結果の「見える化」において、「ＫＰＩ」と呼ばれる指標が効果的であると指摘した。

しかし実際には、定量化、指標化しやすいモノづくりの現場以外で、「ＫＰＩ」を全社的に上手に使いこなしている企業は少ない。

どの企業においても、業績を測る財務指標は用意されている。

売上高、利益率、キャッシュフロー、投資収益率など、さまざまな角度から企業の業績が分析され、その成果や課題がわかるようになっている。

しかし、業績を実際に生み出しているオペレーションの品質、すなわち現場力の品質を測定する**「KPI」は現場まかせにされ、経営品質を測る指標としての認識が低い**。

現場力を競争力の源泉にしようとするなら、現場の品質、改善の状況をモニタリングできる仕組みを持たなければならない。

それは**現場をブラックボックス化しないための仕掛け**でもある。

「KPI」と「KPIコックピット」

ある大手エレクトロニクスメーカーでは、新製品の市場投入時に納期遅延が多発するという問題を抱えていた。

遅延の原因はさまざまな要素が複雑に絡み合っていて、まさに現場力の弱さを露呈していた。

そこで、**主要な原因を構造的に解明し、約30の「KPI」に落とし込み、毎週その状況をモニタリングする仕組み**をつくった（図表3－8）。

まず、納期遅延の発生件数を「開発の遅れに起因するもの」「部材のトラブルに起因するもの」「生産工程に起因するもの」の3つに分解することから始めた。

図表3-8　KPI体系の例

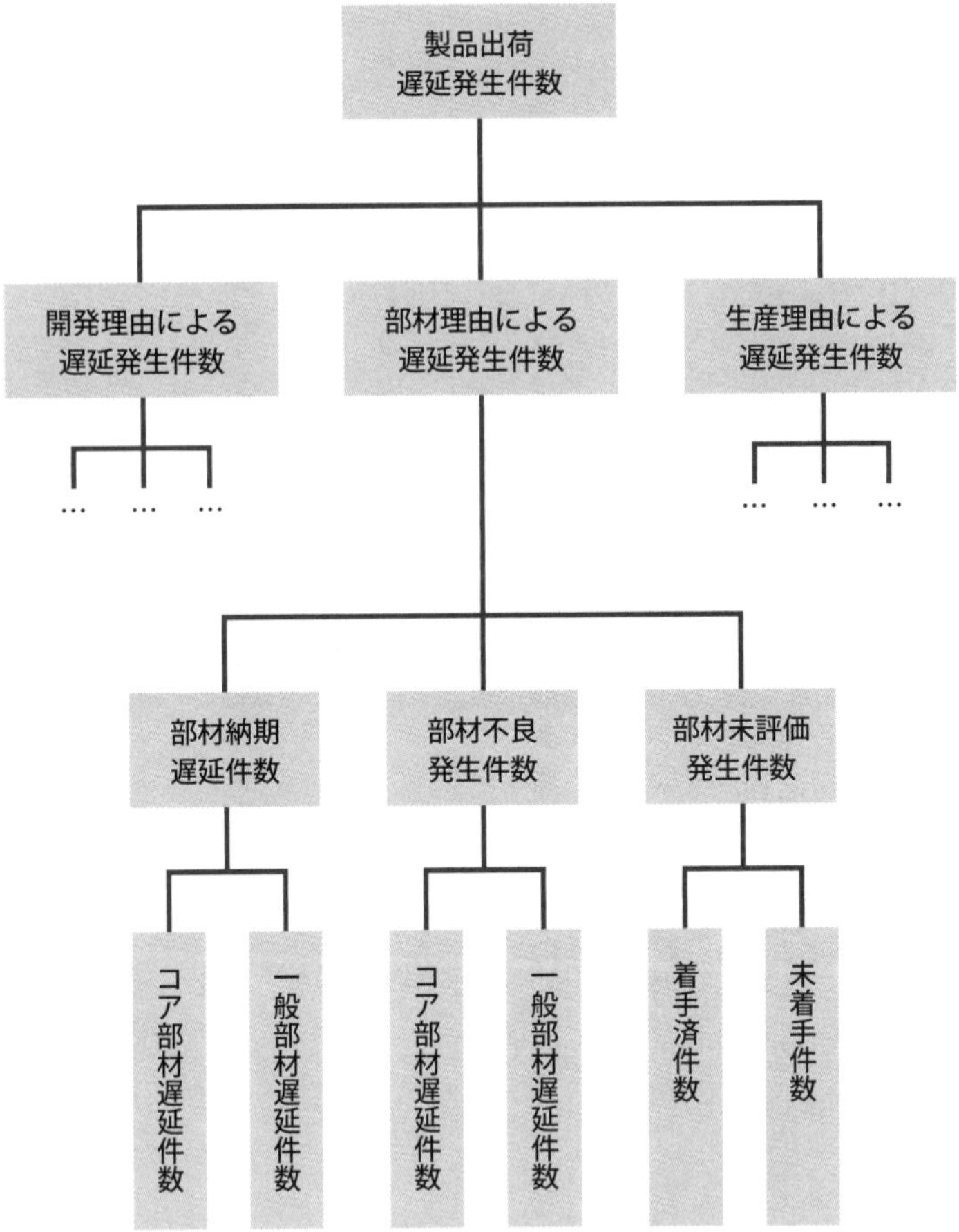

さらに、それぞれの項目ごとに、**より詳細な「KPI」に体系的に分解**した。

たとえば、部材理由による遅延は、「部材そのものの納期遅延によるもの」「部材に不良が発見されたことによるもの」「新しい部材を使う際の評価が終わらずに部材遅延になったもの」の３要素に分解し、その実数を把握した。

こうして抽出された約30の「ＫＰＩ」を常にモニタリングすることによって、納期遅延の発生状況がわかるだけでなく、その真因を特定することが可能になった。

この会社では、納期に関する約30の「ＫＰＩ」に加えて、営業活動や新製品開発のプロセスにおける「ＫＰＩ」を設定し、トータルで約１００の「ＫＰＩ」に落とし込んだ。

これらの「ＫＰＩ」は時系列でトレンドがわかるようにグラフ化され、イントラネットを使って管理職以上がいつでも見ることができるようになっている（図表3-9）。

こうした仕組みを**「KPIコックピット」**と呼ぶ。

まさに、飛行機の操縦士が運行の状況をさまざまな計器でチェックしながら、機体を操るように、現場の状況をタイムリーに把握することが可能となる。

その最初の画面では「ＫＰＩ」を一覧でき、

・グリーン＝目標値を達成しているもの
・イエロー＝目標値を少し外れているもの

図表3-9　KPIコックピットの画面例

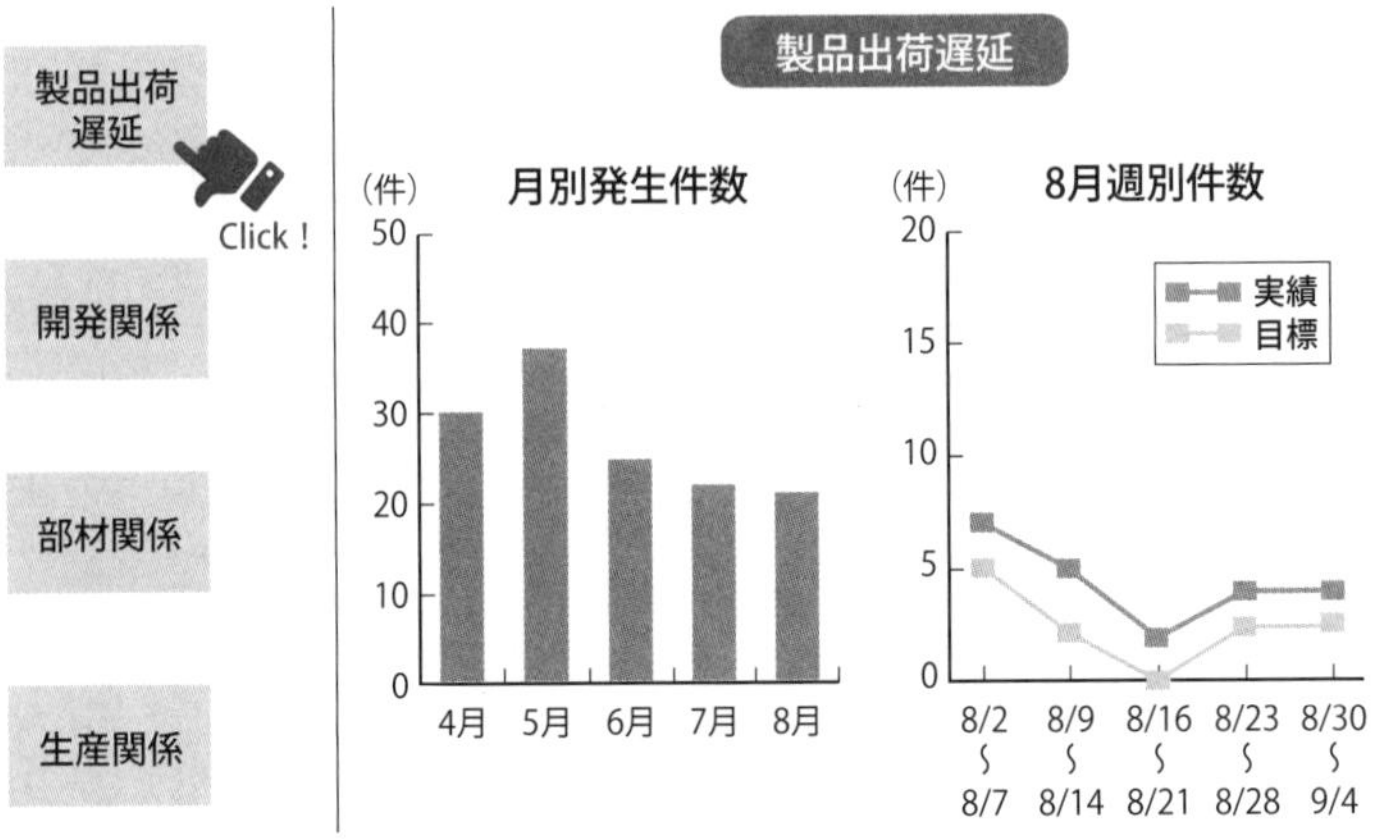

・レッド＝目標値から大きく乖離しているもの

で表示されるようになっている。

現場が常に緊張感を持ち、自分たちの改善活動の成果、問題点を把握するための「見える仕組み」であると同時に、**経営トップが現場の状況を瞬時に把握するための「ツール」**としても効果的である。

要点

「KPI」を上手に活用して、現場の品質をタイムリーにモニタリングすることが重要である。

第6の条件

オルガナイズ・スモール

問題発見 !

大手流通業F社では、店舗単位での業革運動を展開していた。業務の生産性、顧客サービス、店舗の美化など店舗の品質を上げるための知恵を現場から能動的に出させようというのが狙いであった。

ある大型店舗では、それぞれの売り場とバックオフィスを10のチームに分けて、対応した。パートや契約社員も含めると、それぞれのチームが約15人のメンバーを抱えたが、具体的な進め方については各チームに一任した。

しかし、その後の進展状況、成果を見ると、チームによる取り組みの格差がきわめて顕著であった。

その一因として、うまく進んでいるチームはテーマごとに3つから4つのサブチームを編成していることがわかった。それぞれのサブチームは4~5人で編成され、より具体的なテーマを設定し、主体的に改善を進めた。

一方、取り組みが進まないチームは、15人全員が集まってダラダラと会議をやるだけで、発言者は限られていた。

チームリーダーだけが焦っていたが、メンバーの当事者意識はきわめて低く、目に見える成果には結びついていなかった。

「小さなチーム」をつくり、地道な改善活動を粘り強く続ける

現場力は、卓越した能力を持つひとりの人間によってつくられるものではない。現場の業務に携わる人間が**全員参加でつくり上げる地道な「組織能力」**である。

現場から自発的に知恵や創意工夫が「湧き出してくる」ために有効なアプローチは、**「小さな単位の組織」による改善活動**である。

日本企業の製造現場では以前から小集団活動が活発に展開され、数々の成果を上げてきた。数多くの小さな、しかし自律的な意志を持った組織体が、それぞれの「チームの知恵」を競いながら、現場力を高めてきた。

しかし、一部のオペレーショナル・エクセレンスを誇る企業を除いては、小集団活動は

低迷、形骸化しているのが実態である。リストラによる現場の疲弊、やる気の喪失によって、日本企業本来の強みが失われている。

製造現場にかかわらず、**すべての現場が活性化し、現場力を取り戻すためには、もう一度「小さなチーム」の単位で、地に足の着いた改善活動を粘り強く進める**しかない。

「小さなチーム」は、4人程度がひとつの目安

「小さなチーム」の構成は、**4人程度がひとつの目安**となる。

4人という単位の妥当性は、**お祭りの「みこし担ぎ」**を考えてもらうとわかりやすい。

小さなみこしは基本的に4人が分担して担ぐものである。

誰かひとりでも手を抜くとすぐわかるし、人数が増えると力を使わずにぶら下がる人間が増えるだけである。

一人ひとりが責任を持ち、なおかつチームとしての団結を保ちながら、知恵を出す努力をするためには**4人というチーム構成はきわめて効果的**である。

卸電気事業者として低廉かつ安定した電力を供給しているJ-POWER（電源開発）は、中垣喜彦社長の号令のもと、電気・電力業界の自由化に向けた現場力の強化に取り組んで

いる。

「チャレンジセミナー」と称する企業文化変革活動を全国の発電所や支店において展開しているが、その核になっているのが4～5人のチームによる「小ユニット」である。

中垣社長はこう語る。

「一人ひとりのアイデアは重要だが、限界もある。『三人寄れば文殊の知恵』というように、チームで取り組むことによって、古い発想や古い行動様式を打破することができる」

「小さなチーム」が主体的、能動的に改善の芽を見つけ、解決策を考え、粘り強く実行していく。

そうした活動が至るところで起きている現場は、エネルギッシュで、光り輝いている。

要点

ぶら下がる人間をなくし、主体性を持たせるには、小さなチームを数多くつくって、たくさんの「みこし」を担がせるのが最も有効である。

7～10人の集団が独立企業のように動く「エリア・センター制」

現場力を誇るヤマト運輸も、企業の成長とともに組織の官僚化が目立ちはじめていた。現場の柔軟な対応を妨げる権限配分、意思決定の遅れといった問題が顕在化し、大企業病の兆候が出はじめていた。

預かり荷物を紛失するという、あってはならない事故も起きていた。

まさに輸送品質の危機が訪れようとしていたのである。

そうした中、ヤマト運輸は大胆な組織再編による現場力の再強化に取り組んだ。

その核は、**7～10人の集団が独立企業のように動く「エリア・センター制」の導入**である。

それまでヤマト運輸は全国に約１６００の営業所を持っていた。

営業所の内部は、担当地域ごとに7～10人程度のグループに分けられ、一営業所に４～５のグループが存在した。

全国に５６００あるグループをすべて独り立ちさせ、ヤマト運輸を事実上、「５６００の中小運送会社の連合体」へと変身させ、**一つひとつが「自律神経」を持った「小さな組織体」がネットワークを組む組織体**へと転換したのである（図表３-10）。

図表3-10　ヤマト運輸の組織再編

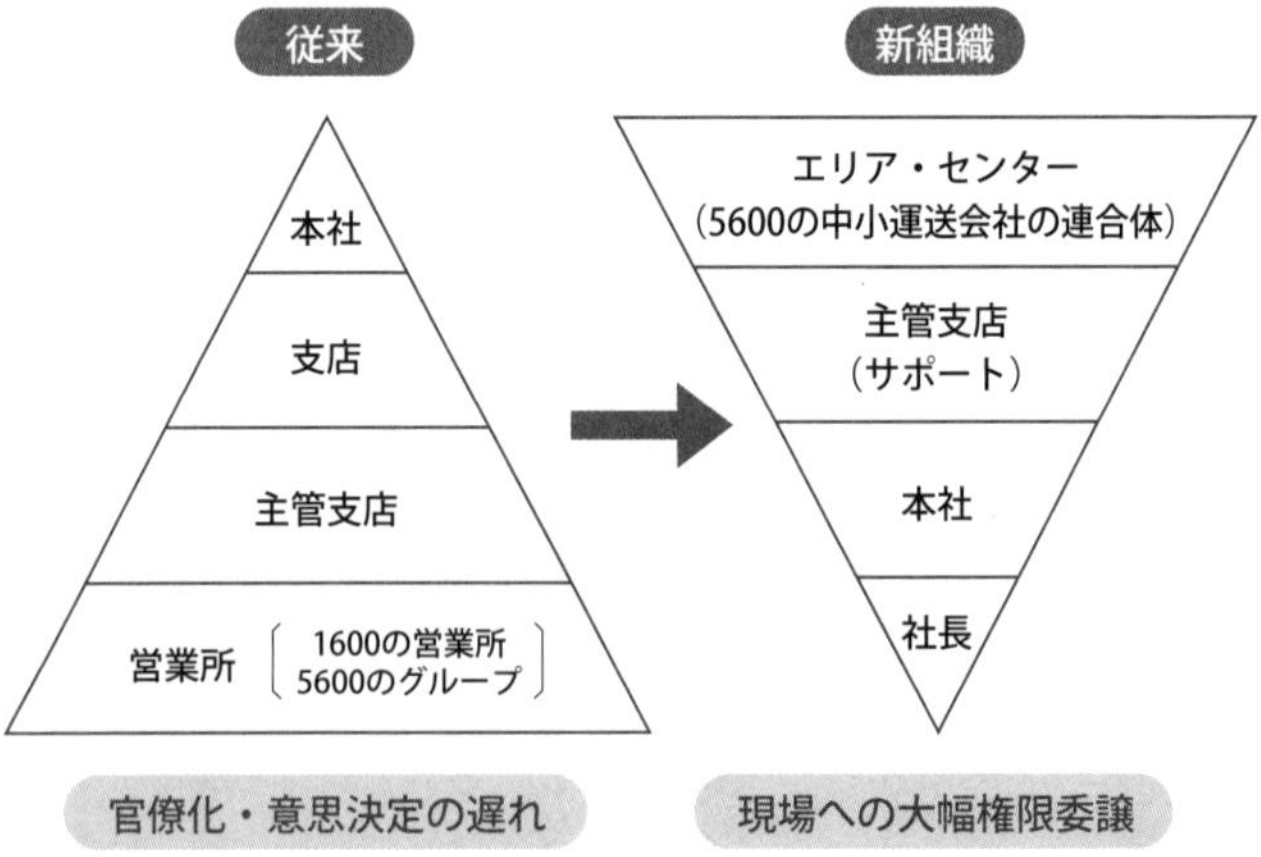

10万人を抱える大企業では、ぶら下がる従業員も増える。

しかし、**7～10人の中小企業なら、全員が自分のみこしを担がざるをえない**。それが組織に緊張感と自律心を甦らせる。

各グループは「センター」に名前を変え、それぞれに収益責任を持たせた。

その一方で、センターには人事採用や独自サービスを展開する自由度を与えた。

運賃交渉にしても、従来なら営業所にいったん持ち帰り、上司の承認を得ていたが、現在はドライバーがその場で値段を決めている。

組織は成長とともに肥大化し、官僚的になる。そして、現場のエネルギーは徐々に失われ、責任意識が希薄になる。ヤマト運輸もまさに同じ問題を抱えていた。

それに対する処方箋は、**収益管理の単位を小さくし、従業員を全員戦力化して、「自律神経」を取り戻す**ことである。

「変革リーダー」の育成にもつながる

「小さなチーム」を数多くつくることのもうひとつの意義は、**チームをまとめ、改善活動を牽引する変革リーダーを数多く育成することにつながること**である。

たんに日常業務をこなすのではなく、現場改善を推進するチームを自ら引っ張り、よく考え、知恵を出し、試行錯誤しながら改善を進める役割を担うことは、実践的なリーダーを育成するきわめて有効な方策である。

現場力とは、こうして経験を積んだ「変革リーダー」がどれだけいるかによって規定されると言っても過言ではない。

前述のヤマト運輸では、エリア・センター制の導入で、5600人の「変革リーダー」が育成されている。

組織の歯車としてではなく、**自らの責任において現場を「統治」する経験を積んだ現場リーダー**が現場を強くすることをヤマト運輸は熟知している。

現場力を強化する知恵は、実際の体験を通じてしか高めることはできない。

机上の空論を何度繰り返しても、問題は解決しない。

自らが汗をかき、知恵を絞り、失敗や成功を繰り返すことでしか、現場力を高めることのできるリーダーは育成できないのである。

要点

小さなチームに責任と自由度を与える。

それが現場の「自律神経」を甦らせ、主体性と責任感を持った「変革リーダー」を育成する。

第7の条件

継続する力

問題発見

大手輸送業G社では、景気低迷の煽りを受け、集客が伸び悩み、はじめて赤字に転落するという事態に陥っていた。

社長は緊急事態を宣言し、集客を増やす販売施策を講じるとともに、コスト面でも抜本的な業務の見直しを命じた。

それぞれの現場は、生き残りを懸けて、必死にコスト削減策を練り、実行に移していった。業務の見直し、人員削減、調達コストの圧縮など、さまざまな施策を講じていった。

そうした諸策が徐々に効果を上げはじめたことに加え、景気がある程度持ち直すという幸運にG社は恵まれた。集客は対前年割れから抜け出し、微増ながら上向きになっていった。

しかし、その一方で、現場の危機感は急速に失われていった。業務改革も下火になり、ムダを排除しようとする現場の意識は薄らいでしまった。

その数年後、G社はまたしても景気の波を受け、業績はいっきに下降した。

現場はまた一から、生き残り策を考えるハメになってしまった。

「強い現場」は立ち止まらない、満足しない、諦めない

現場は常に進化しなければならない。

現在の仕事のやり方にとどまっていては、新たな競争環境、顧客の変化についていくことはできない。

現場における問題点は無限に存在し、**問題点がある限り現場の改善も永遠に続く。**

「強い現場」は決して立ち止まらない、満足しない、諦めない。

改善に対する執着心が人並み以上に強く、**継続させる力を組織として持っている。**

一方、多くの企業はせっかく現場力を高める活動を始めても、一過性のプロジェクトで終わってしまうケースが多い。

「問題発見」で取り上げたG社も、危機に迫られると踏ん張るが、一時的に景気がよくなるとすぐに緊張感が失せてしまう会社の典型例である。

せっかく全社的な活動として立ち上げ、それなりの成果を一時的に上げても、それで満足してしまい、「現場力のＤＮＡ」が生まれるまでには至らない。

トヨタの「改善マラソン」

改善とは、景気の善し悪しに関係なく取り組むべき、不変の企業活動である。

トヨタの海外カスタマーサービス本部では、海外のディストリビューター、ディーラーに対するアフターサービスの改善活動を10年以上にわたって指導している。

この活動を**「改善マラソン」**と命名している。

立ち上げ当初はアジア地域のいくつかのディストリビューターを対象にした限定的なものであったが、トヨタ流の改善の考え方、手法を粘り強く指導し、現在では全世界的な活動に広がっている。

世界の地域ごとに改善結果を競う「改善マラソンワールドカップ」を開くまでに至っている。

この活動を立ち上げ当初から陣頭指揮しているリーダーは、会社からの「命令」でこの仕事を始めたのではない。

自らの問題意識で、できるところから始め、関係する部門の協力を仰ぎながら徐々にその輪を広げていったのである。

「改善の鬼」とまで呼ばれる愚直なまでの**個の情熱を、組織としての執念にまで昇華さ**

せる。伝承すべきは、「やるからには徹底してやる、最後までやる」という「気迫」であることを思い知らされる。

現在、このリーダーはトヨタ発の改善手法をマスターしたディストリビューターやディーラーが、自律的によりレベルの高い改善を目指すための「改善魂」を持った人材の育成に精力的に取り組んでいる。

この活動ひとつを見ても、トヨタの持つ「改善に対するこだわり・執着」を垣間見ることができる。

「個人の情熱」と「組織の執念」を結びつけられるか

どの企業でも現場力を高める活動はすぐにでもスタートすることができる。そして、一度はそれなりの成果を上げられるかもしれない。

しかし問題は、**現場力がＤＮＡとして根付くまで継続する意志と力**なのである。

愚直なまでに泥臭い改善を続けようとする**「個人の情熱」**と、それを続けさせる**「組織の執念」**が結びついて、ＤＮＡは生まれ、伝承される。

トヨタにおいて、次の時代を担う人材を育てる役割を担っている林南八技監は、こう語っている。

「生命のＤＮＡは放っておいても継承できるが、企業のＤＮＡはたゆまぬ努力を怠ると薄らいでしまう」

要点

現場力の強化は、景気の波や会社の業績とは切り離して考えるべき、恒常的な企業努力である。個の情熱と組織の執念が結びついて、現場力のＤＮＡは宿るのである。

「現状不満足企業たれ」

トヨタと並んで強靱な現場力を誇る花王の後藤卓也社長は、**「現状不満足企業たれ」**と語っている。

現場力に完璧ということはありえない。現状に対して満足してしまっては、その時点ですべての思考は停止してしまう。

「不満足」こそが、継続するためのエネルギー源なのである。

トヨタにおいても、**「打倒トヨタ運動」**という言葉が頻繁に使われる。

実際、1兆円以上の利益を上げているトヨタの幹部から、「うちは来年潰れてもおかしくない」という言葉を真顔で度々聞かされる。

「日本企業最大の利益を上げる最強の企業」という世の中のレッテルに惑わされることなく、**常に「自己否定」しようとする姿勢**が強く感じられる。

危機感を共有した企業は強い

その根底に流れるのは、**「危機感」**であり**「緊張感」**である。

勝ち組と呼ばれる企業ほど、自負・誇りとともに、強烈な危機意識を持っている。しかも、それが経営のトップだけでなく、現場に深く浸透している。

グローバル競争がいかに激しいものか、タフな競争相手はどんなことを仕掛けてきているのか、そして自分たちはその中でどう優位性を維持、強化していくのか。

自分たちを取り巻く厳しい環境を一人ひとりが正しく認識していれば、社内のセクショナリズムやタコツボなどにかまけている暇はない。

敵は内にいるのではなく、外にいるのである。

「会社の総力をあげなければ勝てない」という危機感を共有した企業は強い。

決して満足しない、常に現状を否定する。

危機感を背景に、こうした意識を現場の一人ひとりが持つことによって、**「立ち止まらない進化する現場」**はつくられる。

天才棋士、羽生善治氏はこう断言する。

「同じ情熱を傾けつづけられることを才能という」

この言葉にこそ、現場力の本質が凝縮されている。

要点

継続は力なり。そして、継続は経営の意志からのみ生まれる。

第4章

現場力を高める6つのポイント

現場力は「鍛えなければ」手に入らない

現場力は自然発生的に生まれるものではない。

どの現場にも潜在能力として潜んではいるが、何も手を打たなければ、それは眠ったままである。

現場は、経営におけるオペレーションを担っている。毎日、目の前の作業、仕事をこなすことで手一杯で、放っておけば「その日暮らし」になってしまう。

また、現場は変化を嫌う。

仕事のやり方を変えてみたり、新しいことを試してみれば、うまくいく可能性もあるが、失敗するリスクもある。失敗すれば、責任が問われる。

何かを変えることは面倒だし、何もしないほうがラクなので、どうしても日常に埋没してしまう。それが現場の「本性」だ。

だから、現場力を高めることは容易なことではない。

現場を覚醒させ、その潜在能力を最大限に引き出す努力をしなければ、現場力は高まらない。

だから、私は本書のタイトルを、現場力を「鍛える」としたのである。**現場力は「鍛え**

なければ」手に入れることはできない。

それでは、いったいどうしたら現場力を高めることができるのか。

本章では、その**「6つのポイント」**について解説していきたい。

ポイント 1
「否定」する力を養う

ビジネスに失敗は付き物、成功のほうが稀有な存在

ビジネスにおけるさまざまな「失敗」から学び、競争力を高めていこうという動きが広がっている。

日本経済は長年にわたり思考停止状態に陥り、自分たちが起こした失敗から目を背け、正面から受け止めることをしてこなかったという反省は強い。

そもそも**ビジネスに失敗は付き物**である。

成功のほうがはるかに稀有な存在であり、数多くの大小の失敗が繰り返されている。しかし、そうした失敗からどれだけ学習し、次に活かしているかというと、残念ながら十分にそれを行えている会社は稀である。

「営業日報」と「失注報告書」を見れば、営業現場の品質がわかる

これまで営業現場強化のコンサルティングを数多く手掛けてきたが、そうしたプロジェクトで私が最初にやることは**「営業日報」と「失注報告書」を見せてもらう**ことである。

この2つの書類を見れば、**営業現場の品質**がだいたいわかる。

記載内容の程度の差こそあれ、「営業日報」はほとんどの会社に存在する。

しかし、「失注報告書」については、「そんなものはない」という企業が圧倒的に多い。

営業の最大のミッションは、お客様から仕事をいただくことである。

そこには、競争があり、「とったりとられたり」の激しい攻防戦が繰り広げられている。

ある仕事を失注したときに、それがどういう理由によるものなのかをきちんと解析し、

組織として学習しなければ、また同じ理由で失注する可能性はきわめて高い。

「済んだことは仕方がない」で済ませてしまっては営業現場の品質は絶対に高まらない。

「失注報告書」がある企業でさえも、その中身を見ると、

「価格が高かった」

「納期が間に合わなかった」

などの表面的な理由だけでお茶を濁しているケースが多い。

本当に価格や納期が問題だったのかをお客様に私が直接インタビューして調べてみると、じつは営業プロセス上の問題が最大の理由であったことが往々にしてある。

そもそも案件情報の入手が遅れ、後手後手な対応になってしまっていたり、提案書の品質がお粗末だったり、営業プロセスの品質を改善しなければ、失注を減らすことは不可能な場合が多い。

強い営業力を持つ会社は、この**「失注報告書」を現場力を磨く最大の材料として活かしている**。

一つひとつの「失敗」から学び、「同じ轍《てつ》を踏まない」ように組織学習しているのである。

「否定学」という考え方が現場の進化を促す

しかし、強い現場をつくり上げるためには、失敗だけを管理していたのでは不十分である。

失敗に目が行きすぎると、どうしても新しいことにチャレンジしない保守的な考え方に染まる傾向が出てくる。

「失敗するくらいなら、何も変えないほうがいい」「いまのままが無難」といった現状肯定的な考えが蔓延してしまっては、現場の活力は生まれてこない。

そのときに重要なのが、**「否定学」**という考え方である。

失敗という「結果」を考察するだけでなく、**そもそも「現状を否定する」という思考、習慣を現場に根付かせることが現場の進化を促す**。

「オペレーショナル・エクセレンス」を誇る企業に共通するのは、現状を常に前向きな視点で「否定」しようとする姿勢である。

花王の「現状不満足企業」というスローガンはまさにその精神を表しており、前述のトヨタの「年間改善提案数61万件」も**ひとつずつの「否定の集積」**である。

失敗を検証し、学習することで「新たな否定」へとつなげていく

自然科学を見るとわかるように、**否定は新しいものを生み出すエネルギー源**である。

コペルニクスは天動説を否定することから、地動説を導いた。

アインシュタインはニュートンの絶対時間・絶対空間というそれまでの定説を否定することによって、特殊相対性理論を生み出した。

社会科学においても、アダム・スミスは統制と規制の重商主義を否定し、「見えざる手」による自由放任経済という新しい考え方を打ち出した。

ビジネスの世界、現場の世界においても、現状に立ち止まってしまっては何も新しいものは生まれてこない。

とくに、日常的なルーチン業務に追われる現場は、「現状を否定しよう」という強い意志がなければ、目先の業務に漫然と流され、そのまま滞留してしまう可能性がきわめて高い。

「否定しよう」という「意識」を現場の従業員一人ひとりが持たなければ、改善の知恵やアイデアは生まれてこない。

現状に満足せず、否定することによって、脳が回り出し、「こう変えてみよう」という

図表4-1　失敗学と否定学

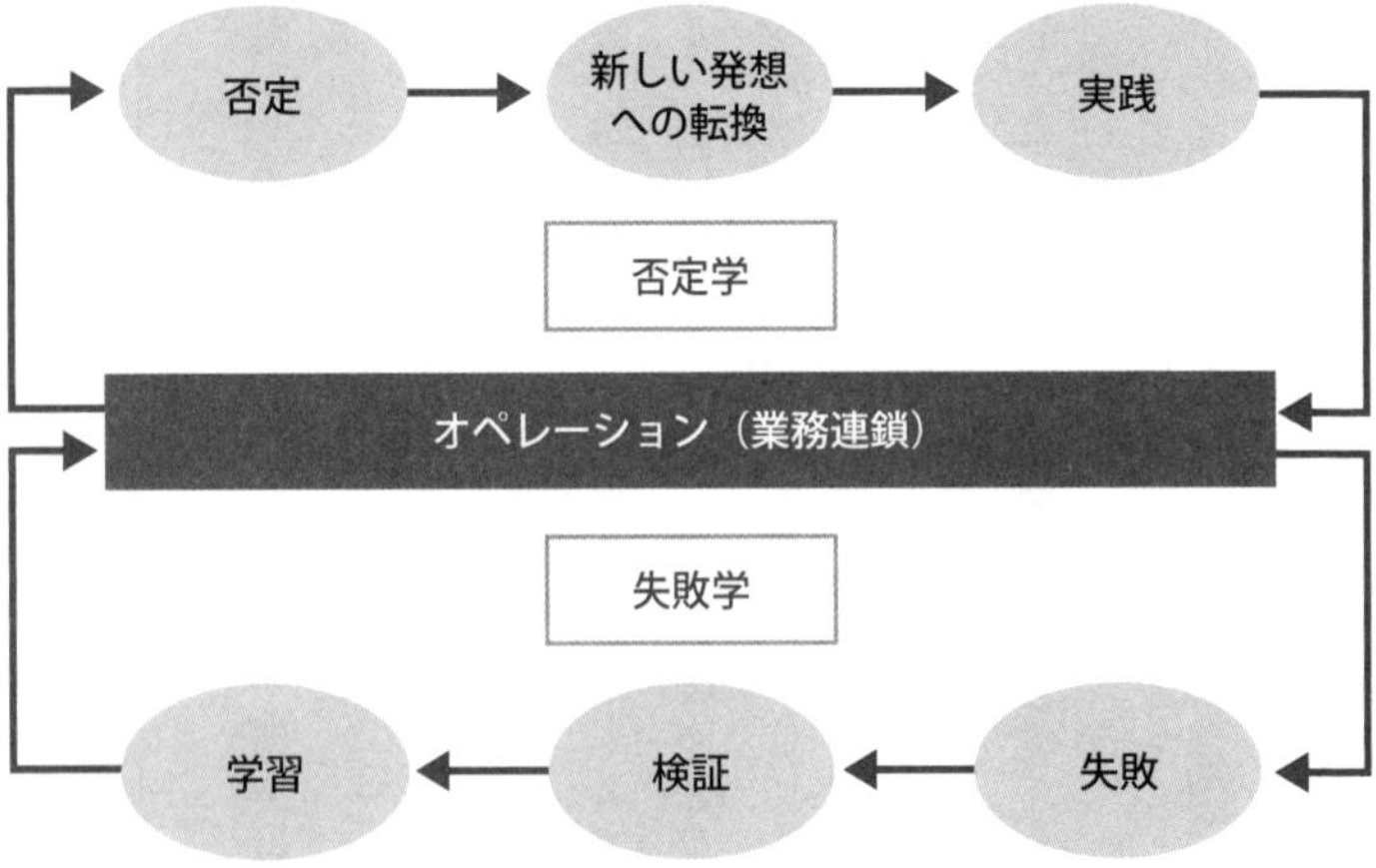

アイデアが生まれてくる。

当然、実践したことすべてがうまくいくわけではない。なかには、失敗も出てくるだろう。

その失敗を検証し、学習することによって**「新たな否定」**へとつないでいく。

このサイクルこそが、現場力の本質なのである（図表4−1）。

要点

「否定」と「失敗」は、現場力を進化させる両輪である。

現状をあえて否定することから、新たな知恵やアイデアは生まれてくる。

「業務には甘く、人には厳しい」会社が多い

現場力向上に欠かせない「否定」だが、これに対する「免疫力」は各社さまざまである。否定というものを肯定的、前向きに捉えて、現場活性化のエンジンにしている企業もあるが、否定に対する拒絶感が強く、新しいアイデア、考え方を受け入れるのが下手な企業も多い。

否定は現場をよりよくする、より強くするための手段である。

否定の対象は、あくまで現場の仕事のやり方や、コミュニケーションのあり方といった業務に直結したものである。

しかし、否定が下手な会社は、ともすると**「業務の否定」と「人の否定」「人格の否定」を混同**してしまう。

何かを否定されると、それは自分自身を否定されたものと思い込んでしまい、反発をする。

それでは、現場の進歩は起こりえない。

トヨタは**「業務には厳しいが、人にはやさしい」**会社である。業務の品質には徹底的にこだわり、厳しく追求するが、人の育成やケアにも手間暇を惜しまない。

それとは逆に、**「業務には甘く、人には厳しい」会社も多い。**

減点主義がはびこり、現状を否定して新しいことにチャレンジしようとする人が出てこない。

業務に対する建設的な否定を奨励し、**否定に対する組織としての免疫力を高めなければ、現場の進化を実現することは難しい。**

「未来志向の否定」が現場を強くする

我々コンサルタントの仕事は、ある意味では依頼先の企業の現状を「否定」するのが仕事なのだが、こうした第三者の客観的な指摘、提言に対する反応を見ても、会社による違いは大きい。

我々の指摘にきわめてポジティブに反応して、「それは面白い」「やってみよう」と飛びつく会社もあれば、何を提言しても心を閉ざしたように、頑《かたく》なに拒否する会社もある。

否定というのは、これまでに築き上げてきたものを「全否定」することではない。

個々人の仕事であれ、組織としての仕事であれ、何かしらの必要性があったからその業務は存在し、そのやり方が残っている。

しかし、**重要なのは、その業務ややり方が「これからも適切か」どうか**である。

トヨタにおいて、業務マニュアルはあくまで「その時点での標準的な仕事の手順」として位置付けられており、**マニュアルをよりよいものに進化させていく**ことこそが求められている仕事だと定義されている。

今日成功しているからといって、明日もそのまま成功を続けられる保証はない。

逆に、多くの過去の事例を見れば、**「今日の成功は明日の失敗を導く」**ことは実証されている。

重要なのは、今日に照準を合わせるのではなく、明日に照準を合わせ、今日を制御することである。

過去が現在を支配するのではなく、未来が現在を支配しなければならない。

現場の一人ひとりがこうした**「未来志向の否定」を身につけることが、現場力を高めることにつながる**のである。

要点

未来に照準を合わせよう。
そうすれば、自ずと心が開き、現状を前向きに「否定」することができる。

何を、どのように「否定」するか

それでは、現場力を高めるためには何を「否定」しなければならないのだろう。

それは、否定をする範囲によって3つに分けることができる（図表4-2）。

①「自分自身の仕事」を否定する

まずは「自分自身の仕事」である。

自分がやっている業務そのものにムダがないか、付加価値の高い仕事をやっているかを常に点検することが否定の出発点である。

②「チームの仕事」を否定する

2つめは「チームの仕事」である。

ある目的を遂行するために組成されているチームの生産性や品質をよりよくするために、現状を否定し、チームとしての成果の最大化を目指さなければならない。

チームでの役割分担や情報共有、協力体制など個人レベルより複雑な問題に取り組まなければならない。

図表4-2 「否定」の範囲

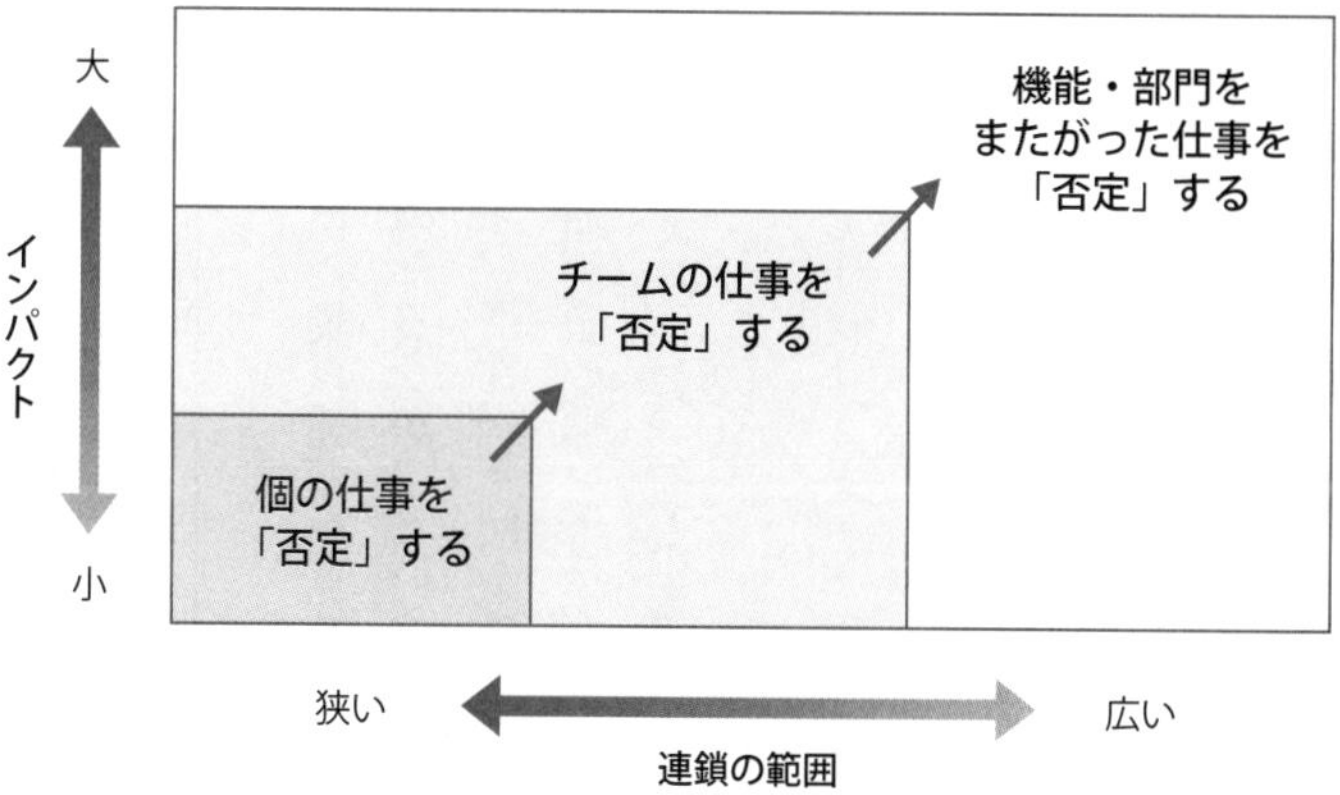

③「機能・部門をまたがった仕事」「業務連鎖」を否定する

そして3つめは**「機能・部門をまたがった仕事」**すなわち**「業務連鎖」**を否定することである。

「いまの仕事の流れ、プロセスをよりよくするためには、どうしたらよいのか」を考えることである。

業務連鎖に関与する部門、人員の数が多ければ多いほど、問題は複雑化し、解決は容易ではない。

だからこそ、その効果も大きい。

問題が大きいからといって逃げてしまうのではなく、現状の業務連鎖に対する「否定の声」を上げることから始めなければならない。

「業務そのものの否定」から始める
——「そもそもこの業務は必要なのだろうか」

個々人の業務や業務連鎖を見直すうえで、まず問いかけるべき質問は、**「そもそもこの業務は必要なのだろうか」という根本的な否定**である。

否定ができず、惰性が支配している現場では、過去には重要だったが、現在ではその役割を終えた付加価値の低い業務が現場の至るところに残されている。

効率化を考える前に、**「その業務をやめることができないか」を問い直すことが肝心**である。

経営学者のピーター・F・ドラッカーはこう指摘する。

「本来やるべきではない業務を効率化しようとすることほど非効率なことはない」

「業務そのものの否定」から入るのが、業務改革の本質である。

次に「業務内容」と「業務のやり方」を否定する

「業務そのものの否定」の次に問いかけるべきは、**「業務内容の否定」**である。

業務そのものは必要だとしても、その内容があまりにも過剰であったり、属人的である場合も多い。そうした場合には、「業務の簡素化」「業務の標準化」によって効率性や生産性を上げることが可能である。

その次に問われるのは、**「業務のやり方」**である。機械やITに置き換えられるべき業務が、いまだに人間の手でやられていたり、本来集約して行われるべき業務が組織内で分散して存在したり、外部委託すべき業務が内部で行われていたりする。

「業務の自動化」「業務の集約化」「業務の移管」といった発想で現状を否定することによって、効率化の追求が可能となる（図表4-3）。

現場には大小さまざまな問題点が存在するが、そうした現状を「所詮こんなもの」と容認してしまっては、問題点は浮かび上がらず、やがてはその中に埋没していく。

最初は問題だと感じたことでも、感受性が鈍くなり、問題であることすら認知しなくなる。そして、現場は腐っていく。**「否定こそが問題点を顕在化させるドライバー」**であることを、肝に銘じておかなければならない。

図表4-3　業務を「否定」する視点

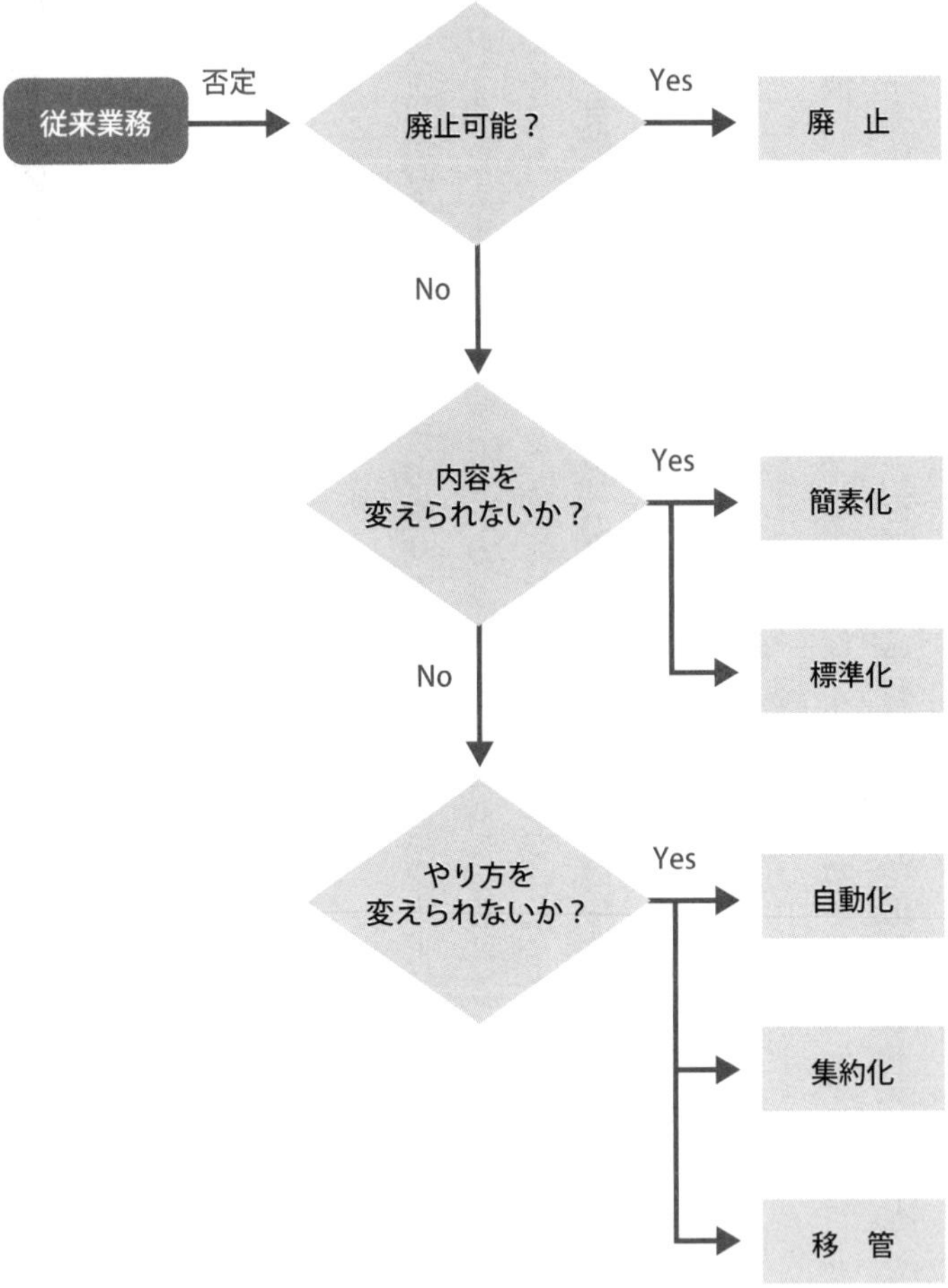

要点

会社のあらゆる業務を、さまざまな切り口から「否定」し、よりよい仕事のやり方を常に追求しなければならない。否定がなくなった現場は感受性が鈍り、やがて腐っていく。

ポイント 2

「タコツボ」を割る

「タコツボ意識」を壊さなければ、現場力は高まらない

現場力を鍛えるうえでの最大の障害のひとつは、**組織の「タコツボ化」**である。

すでに繰り返し述べているように、組織は成長とともに肥大化、機能分化し、「見えない壁」ができてしまうのが自然である。

意思疎通をはかり、一致団結することが難しくなるのが、自然の摂理なのである。知恵や工夫がなければ、「タコツボ状態」を脱することは困難である。

現場は往々にして、「半径5メートル」の中で生きている。きわめて狭い範囲の中で日々の仕事をこなし、毎日それを繰り返している。

同じ事業所や事務所で働いていても、ほかの部門やセクションが何をしているのかはよく知らないし、関心もない。

しかし、本来仕事というものは異なる部門や機能がつながってこそ価値を生む。

「自分の仕事さえやっていればいい」という「タコツボ意識」を壊さなければ、現場力は高まらない。

「夢の共有」で「同じ船に乗っている意識」を醸成する

「タコツボ」というツボを割って、組織間の風通しをよくするためにまず必要となるのが、**「組織としての夢の共有」**である。

どの企業にも、経営理念やビジョン、基本戦略が存在するが、それらが組織の隅々まで浸透していなければ、組織としての一体感を醸成することは難しい。

とくに、最近では事業部制、カンパニー制の導入により、ひとつの企業でありながら複数の事業体に「分割」され、一体感を持つことがますます難しくなってきている。放っておくと、**「事業部の論理」が「会社の論理」より優先される**という事態が頻発する。

日産のゴーン社長は、経営のメッセージを伝える力が卓越している。

彼は「シンプルさ」に徹底的にこだわる。複雑なことを単純化して、営業の最前線から工場の現場まで従業員全員が理解できるものにする。

しかも、わかりやすい数字でメッセージを送っている。現在の同社の中期計画「１８０」（２００５年春まで）は「１００万台増販、営業利益率８％、負債ゼロ」からきている。

事業部制、カンパニー制は、権限委譲を行い、意思決定の迅速化を行うことが主眼である。

企業としての「遠心力」を機能させるためには有効な組織体制であるが、その一方で、**全体としての「求心力」を見失ってしまうというデメリット**もある。

「同じ船に乗っている意識」を醸成するためには、なにより組織の大目標、夢を共有しなければならない。

「同じ夢を追っている」という一体感があるからこそ、現場は縦割りの弊害を乗り越えて、泥臭い努力を続けることができる。

要点

「夢の共有」が組織の壁を破壊する第一歩である。

まずはオフィスの壁を取っ払う

ツボ割りを目に見える形で実行するのに最も効果的なのは、**オフィスのレイアウトを変えたり、壁を取っ払う**ことである。

単純なことのように思うかもしれないが、その心理的な効果は絶大である。

「オペレーショナル・エクセレンス」を誇る企業には、「大部屋制度」を採用している企業が多い。

花王では20年以上も前から、研究所のフロアには仕切りがない。研究者同士の交流を促し、タコツボ化を阻止することが目的である。

同じ会社の研究者同士でありながら、顔も知らない、名前も知らない、何をやっているのかも知らないのでは、組織の持つ総合力を最大限に発揮できるわけがない。

同様に、花王本社の役員フロアも、パーティションで区切られてはいるものの、ドアの付いた個室ではなく、じつに風通しがよい。

役員が集まって、ちょっとした打ち合わせをする場もオープンスペースになっている。

伝統的な企業でも、こうした垣根を取っ払って、ツボ割りに挑んでいる企業が出はじめている。

精錬事業の名門、同和鉱業の吉川広和社長は、２００２年４月の社長就任以来、社内の壁６枚、オフィスの仕切り50枚を廃棄処分にしたという。

当時社内に蔓延していたセクショナリズムや官僚主義を打破するために、秘書室を廃止したり、社内のレイアウトを大胆に変更した。

社内の壁を取り払うことによって、「一番変わったのは組織よりも人の意識」だと吉川社長は語っている。

要点

物理的な壁や垣根を軽視すべきではない。

風通しのよいオープンスペースから対話は始まる。

最大の要因は「心理的な壁」

物理的な壁や垣根を取っ払うことは、ツボ割りの大きなきっかけとなるが、それだけでは不十分である。

「タコツボ」をつくり上げてしまっている最大の要因は**「心理的な壁」**である。

同じ会社でありながら、部門が違うと、なぜか敷居が高くなるのが普通である。

組織運営は、組織編成を規定している機能別、事業別などの軸があくまで主体である。

大企業であれば、それぞれの部門が中小企業並みの人員を抱えている。ほかの部門が何をやっているのかを知る機会は少ない。

しかし、組織はあくまで経営体の骨格、骨組みにすぎない。

実際に経営体に血を通わせるのは「人」であり、**組織の枠を越えた情報の交流、議論の交流があってこそ組織は活性化し、壁が壊されていく**。

インフォーマル・コミュニケーションの重要性

現場力の鍵である業務連鎖の品質を高めていくために重要なのは、**組織の壁を越えたインフォーマルな人の交流、情報の交流を促す**ことである。

トヨタでは、同じ年に入社した同期会や同じ地方出身者の集まりである県人会などを大変重視している。

自分が属する組織という小さな世界にだけとどまっていては、会社全体の動きを肌で感じることはできない。何かのつながりで生まれた仲間同士の関係性を維持、強化することが、「異なる視点」「気づき」を与えてくれる。

インフォーマル・コミュニケーションを通じて得た異質性が、自分の属する組織の中での議論の品質を高め、全体最適につながっていく。

さらには、部門をまたぐ問題に直面したときにこそ、こうしたインフォーマル・コミュニケーションが活きてくる。「知り合いがいるから、ちょっと聞いてみる」といった**「表の組織」にはない「裏のつながり」こそが、業務連鎖を磨き込む**のである。

花王では、部門横断的な会議が飲み会に発展したときには、**一次会まで経費で落とすことを認めている**。

コストには徹底的に厳しい花王だが、社内交流を促すこうしたコストには寛容である。

インフォーマルな触れ合いがあるからこそ、「業務連鎖に血が通う」ことを花王は熟知している。

要点

インフォーマルなコミュニケーションを重視せよ。
組織の枠を越えた交流によって、業務連鎖に血が通うのだ。

ポイント 3

「『改善』が当たり前」の組織をつくる

改善の目的はあくまでも「人づくり」

現場力を高めるための唯一絶対の方法論が**「改善」**である。

「改善」をしようとする人材、「改善」ができる人材を育てることが、現場力を高める唯

一の方法である。

こう指摘すると、「うちの会社でも『改善』に取り組んでいるが、現場力は高まっていない」といった反論が必ず返ってくる。

それは**「改善」の目的を間違えている**からである。

目先の成果を上げるためだけに「改善」に取り組んでいる会社が大半である。だから、成果が上がらないと途中で止めてしまうし、現場にはやらされ感が蔓延する。

「改善」の目的はあくまでも「人づくり」である。

「改善」の重要性を理解し、**主体的に「改善」に取り組もうとする人材を育てる**ことこそが、真の目的でなければならない。

改善には「3つのレベル」がある

私たちは「改善」という言葉を日頃何気なく使っているが、その言葉の持つ意味合い、重さは会社によって異なる。

改善とは、**「自主的に業務のあり方を考え、課題を発見し、解決を導き出す活動」**と定義することができる。

「ちまちまとした目先の改善だけやっていたって、会社はよくならない」といった「改善否定論」的な指摘をよく耳にするが、これは本当の「改善」を理解していない人の発言である。

「改善」とは、決して目先のムダをなくすことだけを指す言葉ではない。その大きさや範疇によって「3つのレベル」に分けて考える必要がある（図表4−4）。

①初級レベル

自分の業務や作業、工程を見直し、ムダ・ムラ・ムリを省く自己完結的な改善活動。

②中級レベル

前工程・後工程も視野に入れた業務連鎖全体での効率性を追求する部門横断的な改善活動。

③上級レベル

自らが「改善」を行うだけでなく、現場の自発的な改善活動が広がり、より大きな効果を上げるための人材育成、仕掛けの開発を行う改善活動。

図表4-4　「改善」のレベル

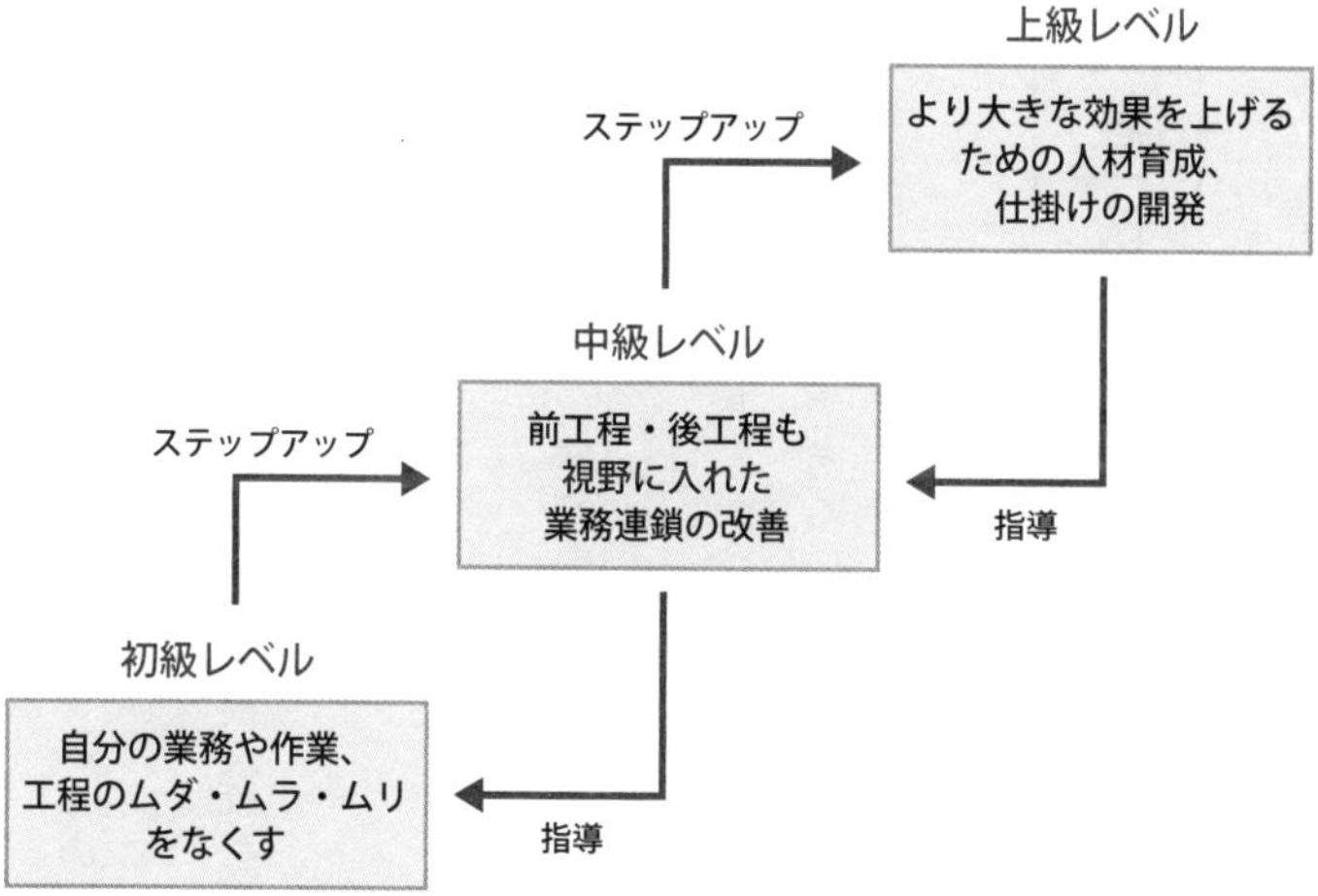

モノづくりの現場を例にとってみると、初級者とは「各生産工程における生産性を上げたり、在庫を少なくすることができる人」である。

中級者は、「工場全体の効率性や生産性を抜本的に向上させ、競争力を高めることができる人」である。

そして、上級者とは「経営の観点からモノづくりの現場力をさらに高める仕掛けを考え、人を育てることができる人」と定義することができる。

改善とは決して「小さなことの積み重ね」だけを指すのではなく、きわめて奥の深い活動であることを再認識する必要がある。

企業の現場力を上げるために重要なのは、中級・上級の人材をどれだけ育てることができるかによる。

もちろんその第一ステップは初級レベルの改善を行える人材を育てることだが、そこにとどまっていては現場の競争力は高まらない。

より難易度の高い改善を実現できる人材を育て、認知することで改善の奥深さを理解することにつながる。

要点

改善とは「自主的に業務のあり方を考え、課題を発見し、解決を導き出す活動」である。

目先の業務だけにとどまることなく、部門横断的、全社的な課題に対する取り組みも含む奥の深い活動である。

「改善」と「改革」の違い

「改善」と類似した言葉に「改革」があるが、それでは「改革」とはいったい何を指すのだろうか。

これもさまざまな定義があるが、私は改革を**「5～10年ごとに行うべきビジネスの仕組みの構造的変革」**と定義している。

市場環境、競争環境、顧客ニーズは日々変化していく。現場はそうした変化に対応するために、知恵を絞り、必死についていく。

しかし、時には**ビジネスの「ゲームのルール」を変えるような大きな外的変化**が起きる。

規制業界が自由化されたり、外資が本格的に参入したり、顧客の購買行動が劇的に変化したりという「不連続の変化」が起きた場合、現場がいくら改善活動を積み上げても、新たな「ゲームのルール」に沿った競争力を確保するのはきわめて困難である。

そうした場合に求められるのが「改革」であり、**ビジネスの仕組みそのものを構造的に再構築**する必要がある。

過去の延長線上にない不連続の変化

2003年の春、トヨタは国内の販売チャネルを大きく変えることを発表した。

これまで5つのチャネル（トヨタ店、トヨペット店、カローラ店、ネッツ店、ビスタ店）

図表4-5　トヨタの流通チャネル再編

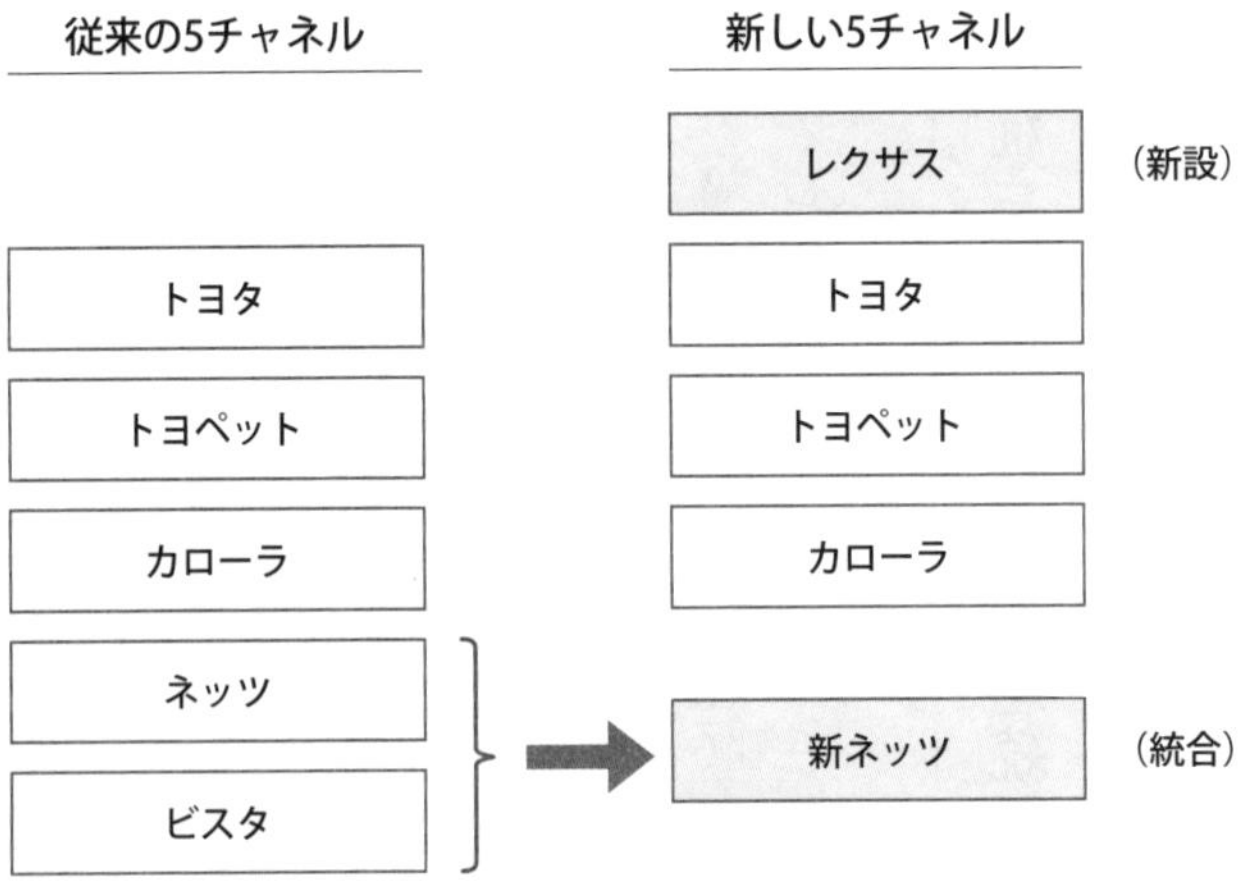

のうち、ネッツ店とビスタ店を統合再編すると同時に、新たにプレミアム・セグメントを狙ったレクサス店を導入するというきわめて大胆な内容であった（図表4－5）。

40％以上の国内シェアを誇るトヨタにとって、販売チャネルはまさに生命線である。

しかし、これまで成功の源泉であった「5チャネル制」が、今後の日本の自動車市場とは「ミス・マッチ」を引き起こしかねないという問題意識をトヨタは強く感じていた。

販売台数が伸び悩み、成熟化する市場。自動車需要を牽引する若者市場に対する訴求力向上の必要性。そして今後拡大が予想されるプレミアム層への販売網の構築。

こうした変化は、**過去の延長線上にない不連続の変化**であるとトヨタは認識し、販売の仕組みを構造的に変えるという大きな決断をしたのである。

現場の粘り強い「改善」と経営者の力強い決断による「改革」

トヨタの販売やサービスの現場では、工場と同様に、日夜「改善」が展開されており、大きな成果を上げているが、こうした**不連続の変化に対しては、ビジネスの仕組みそのものを構造的に変えていかなければ対処できない**。

そうした5年に一度、10年に一度の仕組みの再構築こそが「改革」なのである。

「改善」と「改革」はどちらか一方だけを選択するというものではなく、共存させるべきものである。

新たな販売チャネルが構築されようが、トヨタの販売の現場ではこれまで通り改善が続けられていく。

改善も満足にできていない会社が、改革を振りかざしていても、うまくいくわけがない。

現場の粘り強い「改善」と経営者の力強い決断による「改革」。

この両方が相まって、トヨタの競争力は確立されている。

要点

「改革」とは「5～10年ごとに行うべきビジネスの仕組みの構造的変革」を指す。
「改善」と「改革」は共存して取り組むべきものである。

ポイント 4

「5－20－100」で組織を変える

企業のＩＴ投資が実らない問題の根っこ

現場力を高めるのは人である。

他社で成功した方法論やコンセプトを導入したり、最先端の情報技術（ＩＴ）を採用しても、それで自動的に現場力が高まることなどありえない。

ある調査によると、**日本企業が投資したITの30～50%は期待した効果をもたらさず、不良資産化している**という。莫大な情報化投資をしても、実際に企業の競争力、現場力は高まっていないのである。

実際に私がコンサルティングをしている企業でも、全社的なＥＲＰ（エンタープライズ・リソース・プランニング）システムを導入したり、巨大なデータベースを構築したにもかかわらず、思うような効果を上げていないばかりか、現場を混乱に陥れているケースが山ほどある。

ＥＲＰを導入したが、仕事のやり方そのものにメスを入れていないために、システムへの入力とは別に手書きの伝票処理が残ってしまい、かえって現場の非効率を招いてしまっているなどという笑えない事例が頻発している。

そうした問題の根っこには、２つの問題点が存在する。

①IT導入を安易に考える本社や本部の存在

ひとつは、**現場の実態を知らずに世の中のはやりの情報技術を導入しさえすれば現場の生産性は高まる、と安易に考える本社や本部の存在**である。

「このＩＴを使えばこんなことができるはず」というツール偏重の考え方が先行し、現場の実態から遊離した空論を振りかざしてくる。

そして、ＩＴに疎い経営者はそれにだまされ、巨額の投資をするだけでなく、現場を混乱に陥れてしまう。

②現場の「主体性のなさ」

しかし、より根の深い問題点は、**現場の「主体性のなさ」**である。

「本社や本部から何と言われようと、現場業務のプロである自分たちが納得しないものは導入しない」という矜持があれば、方法論やコンセプトに踊らされることはない。

所詮、ＩＴは「道具」である。

道具から業務を考えるのではなく、業務から道具を考えるのが鉄則である。

ＩＴを上手に使いこなすには、現場の主体性が不可欠である。

まずは「5％の核人材」をつくれ

それでは、方法論や道具に振り回されずに、自分たちの業務や業務連鎖を進化させるためには、どれぐらいの数の主体性を持った現場のプロを養成する必要があるのだろう。

まず取り組むべきは、**現場力を高める「核」となる5％の人材を育てる**ことである。

100人の職場であれば5人、1000人の組織であれば50人の「核人材」を育てることができれば、組織を変質させる起爆剤となる。

この核人材には、選り抜かれた一級の人材を登用しなければならないが、その登用基準は一般のエリート候補とは多少異なる。

愚直に、粘り強くやりきるという「粘着質」の性格こそがなにより重要である。

現場力の重要性を腹に落として理解し、その中での自分の役割意識をきちんと把握させるためには、経営者が自らの言葉で一人ひとりにその重要性を語ることが必要である。

要点

現場が主体性を取り戻すトリガー（引き金）となるのは、5％の核人材である。愚直さ、粘り強さを重視して、登用、育成せよ。

20％が変われば、組織は変わる

それでは「5％の核人材」が生まれれば、現場力は高まるのであろうか。

図表4-6　5-20-100の理論

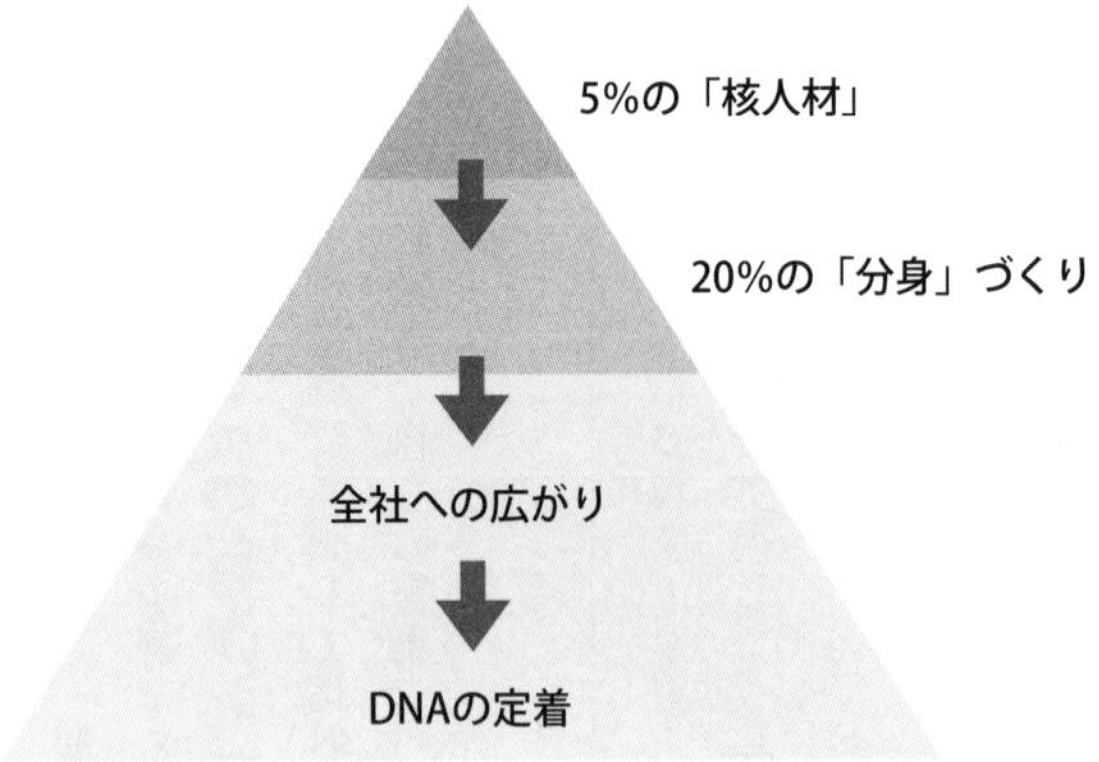

実際にはそれほど簡単なものではない。

優秀とはいえ、たった５％の人間が組織の中で分散して、現場力の強化に取り組んでも、個人のできることには自ずと限界がある。

目標となるのは、「20%」である（図表４－６）。組織内の５人に１人が、現場力の重要性に目覚め、自ら問題を発見し、解決しようとすれば、その動きは大きなうねりとなって、組織の中に広がる。

そして、そうした動きの積み重ねが組織の価値観や行動様式を規定し、その会社固有のＤＮＡが生まれてくる。

したがって、「５％の核人材」の育成は、現場力という組織能力を身につけるための出発点にすぎない。

「５％の核人材」は、実際の問題解決の取り組みを通じて、**自分の「分身」とも言うべき新**

たな牽引役をそれぞれ4〜5人育てるミッションを担っている。

5％のリーダーと一緒に取り組んだ小さなチームのメンバーが、その思想や価値観を受け継ぎ、今度は独り立ちして別の活動を起こしていく。

当然、これは半年や1年でできることではない。

3年、5年という中期的な時間軸で取り組むべきことである。

しかし、**組織の5人に1人が「改善魂」を持った人材に育ったときの競争力は、きわめて強力**なものであることは疑いの余地がない。

しつこい人間を育て上げる

現場力の源泉は「人」である。

自ら問題を発見し、解決できる人間をどれだけ育成できるかにかかっている。

しかし、これまで日本企業が取り組んできた階層別教育や職種別教育では、こうした人材を意識的に育てるのは困難である。

実際、トヨタや花王ではこれまでの人材育成プログラムとは一線を画した教育を行っている。

花王には「テクノスクール」と呼ばれる製造部門を対象にした教育プログラムがある。

これは20代後半から40代前半の社員の中から選抜された約20人を対象に、７カ月、延べ１４０日にも及ぶ研修である。

その目的は**「しつこい人間を育て上げる」**ことにある。

技術者として必要な知識やスキルの教育は大きな柱として位置付けられているが、それと同様に重きを置かれているのが**「心の鍛錬」**である。

座禅や茶道などによって素養を磨き、ビジネス以外の著名人から講話を聞くなどして、人間としての人格形成をサポートする。

技よりも心を磨くことによって、花王独自の**「粘りのＤＮＡ」**を身につけさせることをきわめて重視しているのである。

もちろん、現場力を担う人づくりの主戦場は、あくまで現場である。

日常の業務を通じたＯＪＴやコーチングが何よりも大切であることは疑う余地がない。

しかし、**現場からいったん離れ、会社全体を俯瞰しながら、組織が大切にしている基本思想を学ぶことの価値は大きい**。

要点

20％の人間に改善魂を植えつける。

それによって、現場力という組織能力が生まれる。
心を鍛錬する教育プログラムが人づくりを加速させる。

ポイント 5

「7つ道具」を使いこなし、粘り強く現場力を高める

強い現場をつくるための「7つ道具」

「強い現場」は一朝一夕にはつくりえない。

現場力は、さまざまな要素が複雑に絡み合う**「連立方程式」**のようなものである。どれかひとつの要素だけをいじっても、それだけでは効果は限定的である。

「強い現場」を構成する要素を構造的に理解したうえで、それぞれの要素を磨き上げて

図表4-7　「強い現場」をつくる「7つ道具」

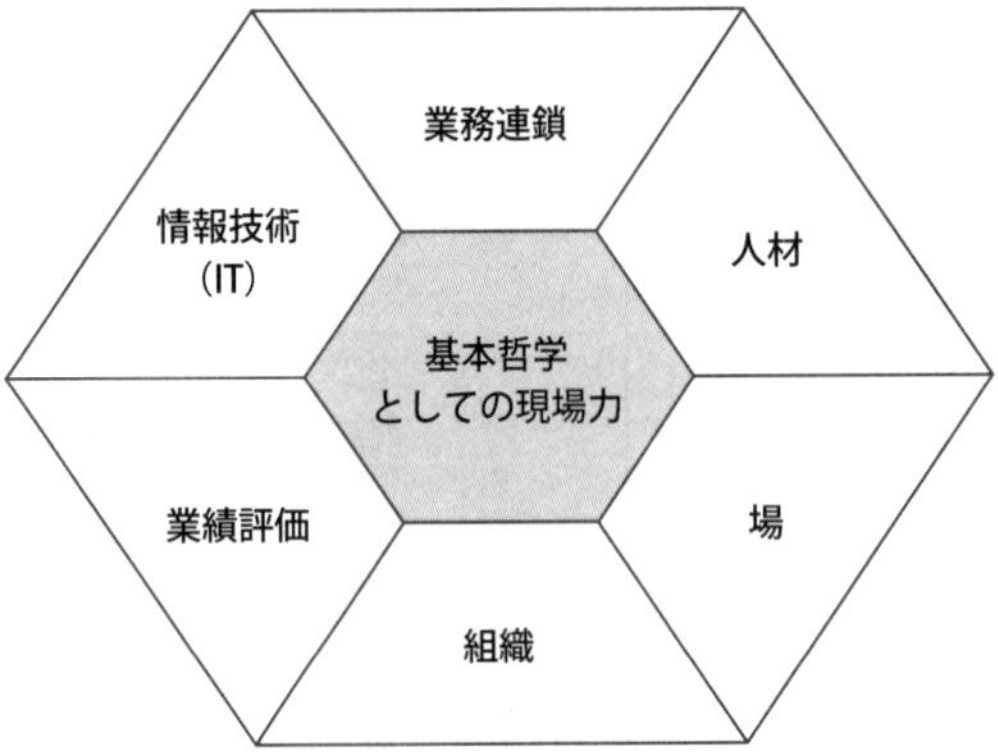

いかなければならない。

ここでは、これまでに述べてきたことを総括する意味も兼ねて、「強い現場」を構成する要素を**「7つ道具」**として解説したい（図表4－7）。

「すべてはお客様のために」という基本理念のもと、「圧倒的な業務効率性の実現によるコスト優位性」と「新たな顧客価値の創出」を同時に実現することが、「オペレーショナル・エクセレンス」の目標である。

その実現のためには、第3章で述べた「7つの条件」をクリアしなければならないが、その際に必要なのが、次に述べる「7つ道具」なのである（図表4－8）。

①業務連鎖

オペレーションの基本である「仕事の流れ」、

図表4-8　オペレーショナル・エクセレンス追求の全体像

基本理念：すべてはお客様のために

↓

2つの命題：

- 圧倒的な業務効率性の実現によるコスト優位性
- 新たな顧客価値の創出

↓

7つの条件：

1）企業哲学としての「現場力」
2）脱・事なかれ主義
3）主権在現
4）自律的サイクルを埋め込む
5）見える仕組み
6）オルガナイズ・スモール
7）継続する力

↕

7つ道具						
業務連鎖	人材	場	組織	業績評価	情報技術（IT）	基本哲学

すなわち**業務プロセスが整流化**されていなければならない。

どういう手順で仕事が流れ、その中で誰がどのような役割・責任を負うのか、業務を遂行するうえでのルールは何かなどが明文化され、共有されなければならない。

②人材

業務連鎖を設計しても、それを実行するのは「人」である。

業務のオートメーション化でもない限り、仕事が自動的につながることはありえず、それをつなげているのは、あくまで人である。

実際の業務運営を通じて、問題点を発見し、改善していくことのできる人材育成、**「人づくり」こそが、業務連鎖を進化させていくポイント**である。

③場

属人的な業務上の問題点であれば、自ら改善することはできる。

しかし、部門をまたがるような問題点は、関係者がその問題点を共有し、解決のための知恵を絞る「場」がなければ、なかなか解決へ向けて進展しない。

職場ごとの朝礼や全社的な業務改革会議など、**取り組むテーマの大きさに応じて、継続的にＰＤＣＡを回す「場」を用意する**ことが肝要である。

④組織

命令・指揮系統、責任・権限が不明確な組織のもとでは、スムーズな業務運営はできない。

可能な限り組織の階層を少なくし、フラットでシンプルな組織にすることで、スピード感が高まり、現場の自主性が増していく。

⑤業績評価

それぞれの部署・個人のパフォーマンスをどのような評価指標（ものさし）で評価するのかについても留意が必要である。

「ものさし」の設定が適切でないと、自部門や自己の成績だけを上げることに奔走し、全体最適の視点が欠けてしまう。

組織の全体目標と整合性のとれた「ものさし」を設定しなければならない。

⑥情報技術（ＩＴ）

「オペレーショナル・エクセレンス」の追求において、情報技術はあくまでツールである。

しかし、組織間の壁を乗り越えて迅速な業務運営を行ったり、組織学習をより加速するうえで、きわめてパワフルなツールであることも事実である。**情報技術（ＩＴ）の持つ可能性と限界を見極めたうえで、現場からの視点で効果的に活用**する必要がある。

⑦基本哲学

現場力で競争上の優位性を確立しようとする「経営の意志」が「基本思想」「哲学」として組織に根付いていなければならない。

こうした基本思想、意志を組織の隅々まで徹底することによって、「自分たちが経営を支えている」という信念が現場に生まれ、粘り強さ、継続性が確保されるのである。

要点

「強い現場」は「7つ道具」の連立方程式である。
「強い現場」＝業務連鎖×人材×場×組織×業績評価×情報技術（ＩＴ）×基本哲学であることを忘れてはいけない。

ポイント 6

経営者が旗を振りつづける

経営者がやるべきこと

現場力とは**経営におけるボトムアップの力を高める**ことである。

会社の理念やビジョン、競争戦略はトップダウンで示されなければならない。会社が向かうべきゴールを示すのは経営者しかできない。

しかし、**どれほど有能な経営者でも実行の当事者にはなりえない**。実行を担うのは、あくまでも現場であり、従業員一人ひとりである。

現場力という実行力があるからこそ、戦略は実行され、ビジョンは実現される。

それでは、**現場力を高めるために、経営者は何ができるのだろう。何をしなければならないのだろう**。

経営者は現場で起きていることの当事者ではない。当事者はあくまで現場で業務に従事する従業員である。

したがって、**現場の品質に対して経営者は間接的にしか関与できない**。

ワタミや千代田化工建設、エクソンモービルのように、経営者が現場の品質を厳しくチェックすることはできても、最終的に現場の品質をよくするために知恵を出し、汗を流すのはあくまで現場である。

本来、経営者の本分は経営の方向性を示すビジョンや戦略を明確に打ち出し、それを実行する環境を整えることである。

戦略の実行局面においては、どんなに優秀な経営者であっても当事者になることはできず、問われるのは現場の品質に対する管理責任である。

しかし、だからこそ**経営者の果たすべき役割は重要**なのである。

経営者の役割は3つに集約される

現場力を鍛えるために、経営者は自分ができることをきっちりとやらなければならない。

その役割とは次の3点に集約される。

①信頼する、まかせる

第3章で述べたように、現場力は「主権在現」によって磨かれる。

現場の持つエネルギー、発意、創意を尊重し、それらを引き出す環境をつくることこそが経営者の役割と認識すべきである。

②監督する、鍛える

その一方で、現場を緩ませてはいけない。

管理・指導・評価を適切に行い、改善が進めば褒め、遅滞すれば叱咤する。

慢心させず、緊張感、危機感を持たせることが重要である。

③手本を見せる

手本といっても、決して門外漢の浅知恵を現場に押しつけろということではない。現場は常に経営者の背中を見ている。

責任感の強い経営者のもとでは、責任感の強い現場が生まれる。

逆に、いい加減な経営者のもとでは、いい加減な現場しかできない。

経営者自身の行動、言動が現場力に大きな影響を与えていることを再認識しなければならない。

直接現場を歩き回って、管理するという実務重視型の経営手法「ＭＢＷＡ」（マネジメント・バイ・ウォーキング・アラウンド）が一時期脚光を浴びた。

とくに、トップダウンが強すぎ、本社と現場が遊離してしまった欧米企業でこの考え方はもてはやされた。常に現場に関心を持ち、現場で起きている「事実」から経営を組み立てることの重要性を、多くの日本企業も思い出さなければならない。

しかし、その一方で、**現場との「距離感」にも配慮**しなければならない。

繰り返し述べているように、現場力は「主権在現」によって鍛えられる。

自主性を最大限に尊重することが大前提であり、**「付かず離れず」の距離感を保つ**ことが重要である。

要点

現場とは経営者の影である。

いい加減な経営者のもとでは、いい加減な現場しかできない。

経営者は現場に行くな

最近、「現場主義者」を標榜《ひょうぼう》する経営トップや役員とよく出会う。

長い間低迷が続き、閉塞感が蔓延する経営環境の中で、現場に根ざした経営を取り戻そうとする気持ちはよくわかる。

しかし、その実状をよく聞いてみると、**形式主義的で薄っぺらな「現場主義」**であることが多い。

ある大企業の役員会に出席した際、副社長のひとりが「私はかねてから現場主義経営を心掛けている」と言うので、「具体的に何をしているんですか」と尋ねた。

彼の答えは、次のようなものだった。

> 「毎週各地の工場を回り、経営方針の説明をしたり、意見交換をする。もちろん製造現場も巡回し、現場の状況を把握している。時間があれば、夜は工場の幹部たちと一献《いっこん》交わし、より本音の議論をしている」

たしかに現場には行っている。現場の幹部たちとコミュニケーションを持とうともしている。一見正しいことをしているように見える。

しかし、これが本当の「現場主義」なのだろうか。

「あれは一種の定期的なセレモニーですから」

後日、この企業のある工場を訪問した際、工場の幹部たちにこの副社長の「現場主義」について尋ねてみると、こういう答えが返ってきた。

「あれは一種の定期的なセレモニーですから。来られるときは、報告用の資料をまとめたり、事務所や現場の掃除を徹底させたり、けっこう準備が大変です」

たしかに副社長の現場巡回は「工場の掃除を徹底させる」という意味では役に立っているらしい。

しかし、**これはいま多くの日本企業が必要としている「現場主義経営」ではない**。

現場を大切にする気持ちは理解できるが、現場をたんに「視察」し、幹部たちから通り一遍の報告を受け、多少の討議をするだけでお茶を濁すやり方が「現場主義」なわけがない。

昔、自分が現場で大いに汗をかいたという英雄伝説や懐古主義に浸ったり、おとなしく言うことを聞く子飼いの部下とべったりしているケースも多い。

本人がどう思おうが、現場では「お客様」扱いであり、完全な自己満足に陥ってしまっている。

現場は経営者にとっての「お勉強」の場ではない

右肩上がりの市場環境においては、現場がたくさん汗をかけばかくほど企業の業績は上がった。経営者の役割は、現場に出向いて、叱咤激励、鼓舞すればよかった。

しかし、時代は変わった。

成熟、低迷の時代を迎え、大量生産、大量消費のビジネスモデルは終焉を迎え、現場はもがき苦しみ、混迷している。

地獄のようなコストダウンを迫られ、リストラの嵐が吹き荒れ、モノやサービスが売れない中で少しでも収益を確保しようと必死に考え、模索を続けている。

活力や自信を失い、誇りまで失いかけている現場が日本中に溢れかえっている。

そんなときに、何の知恵もない本社の「お偉方」が現場を訪問しても、無意味であるばかりか、現場のモチベーションを下げるだけである。**現場は経営者にとっての「お勉強」の場ではない**。

現場の応援団として、一緒に知恵を出し合い、正面から向き合う

現場の応援団として、一緒になって知恵を出し合い、混迷する現場と真正面から向き合い、格闘する覚悟のない経営者は現場に行くべきではない。

大手部品メーカー、アルプス電気の片岡政隆社長は、現場との関係をこう語っている。

「以前の現場回りは、姿勢が受け身だった。事業所を訪ね、幹部の報告を聞いているうちに現場回りの時間がなくなってしまっても、仕方がないと諦めていた。しかし、いまは事業所に着いたら先に工場を観る。予定が1時間であっても、納得するまで、2時間でも3時間でも現場を観る。幹部のレクチャーを聞くのはそれからだ。そうなると、話の内容がまったく違ってくる」

「あそこの工程はいらないのではないか」
「設備投資の額をもっと減らせるはずだ」
などの現場感のある指摘を実際、片岡社長は数多くするようになったという。

これが大事なのだ。

経営者の目線で、しかし**現場と一緒になって現場の問題点を炙《あぶ》り出そうとする経営者の姿勢**は、現場に新たな視点とエネルギーを与える。

頻繁に現場を訪れることのできない経営者がすべての問題を解決できるわけではない。日々問題と格闘するのはあくまで現場である。

しかし、**経営者は現場と思いを共有することはできる**。

その役割は違っても、「同じ船に乗っている」という意識を醸成することこそが経営者の現場に対する義務である。

経営者は現場の力を信じ、旗を振りつづけなければならない。

現場力というボトムアップの力は、トップダウンからしか生まれない。

要点

経営者は現場と真正面から向き合い、格闘せよ。

それが現場のさらなるエネルギーを生み、経営との一体感を醸成する。

「源流情報」を掘り起こせ

現場に足繁く通うことだけが現場主義ではない。

もちろん、自らの足で現場に赴き、観察し、聴き、感じることが現場主義の原点だが、経営トップがすべての現場に頻繁に通うことは事実上不可能だし、自律的な現場をつくるためにも適度な距離感を保つことは重要である。

しかし、**現場に対する「感度」だけは、常に磨いておかなければならない。**

現場から組織の階層を経て送られてくる「骨抜き」のレポートだけに目を通していても現場の実態はつかめない。

現場には人為的に加工されていない**「生の源流情報」**が存在する。

製造の現場では製造日報、製造不具合報告書、営業の現場では営業日報、受注・失注報告書、開発現場ではクレーム報告書、開発日程管理表などである。

こうした記録は、一義的には現場のオペレーション管理のためのものであるが、じつはここに現在の経営実態を表すすべての「真実の瞬間」が凝縮されている。

真の現場主義とは、こうした「源流情報」に対する感度を常に高めておくことである。

ワタミの渡邉美樹社長が毎週1000通以上届く顧客からのアンケートはがきをもとに、店頭品質の管理をしているのは、まさに「源流情報」重視の姿勢にほかならない。

「加工情報」に依存していては経営者失格

大正製薬では、数百人に及ぶ全国の営業マンの日報に社長自ら目を通し、

「いま何が売れ筋なのか」

「逆に動いていない商品は何なのか」

「競合メーカーは何を仕掛けているのか」

を把握している。

いまでこそ電子メールの活用で情報収集も効率化、スピードアップしたが、以前においてもファクスで数百枚に及ぶ日報を集め、その日のうちに源流情報を把握するという泥臭い経営努力を積み重ねてきている。

社長はこの「源流情報」を起点にして、さまざまな指示を関連部署へ送る。

その指示の内容は決して営業活動や販促に関わるものだけでなく、商品開発、生産、物流など経営全般に及ぶ。営業日報というパワフルな源流情報をもとに、日次ベースで経営を進化させている好例と言えるだろう。

また、ある大手情報機器メーカーでは、全役員に四半期に一度、カスタマー・センターへ出向き、丸一日顧客からの苦情や問い合わせに耳を傾けることを義務づけている。

報告用に加工され、まとめられた不具合レポート、苦情レポートは「角」がとれ、生々しさが削り取られ、経営判断を誤らせる。

「お客様の声」、しかも苦情という「聞きたくない」源流情報に自ら接することによって、いまの経営品質、現場の品質があからさまに見えてくる。

「加工情報」に依存していたのでは、経営者失格である。

「加工情報」に頼らず、「源流情報」に近づいていく。

これこそ現場主義の基本精神である。

要点

「源流情報」に目を光らせよ。そこに経営の実態が凝縮されている。

第5章

どうすれば現場力をものにできるのか

1 なぜ明日葉は躍進するのか

全国でも最大規模の小学校放課後クラブでの出来事

渋谷区の幡代《はたしろ》小学校放課後クラブは、平日200〜240人の小学生が利用する**都内でも最大規模のマンモス学童クラブ**である。

運営は株式会社明日葉が受託している。

クラブの利用時間は、平日放課後〜19：30、土曜は9：00〜18：00である。

常勤スタッフ7人、非常勤23人の体制で運営している。

子どもたちは自習したり、お絵描きしたり、ブロックで遊ぶなど、めいめいが自由に放課後の時間を楽しんでいる。

指導員の大きな悩みのひとつは、**子どもたちの事故**である。

走り回ってぶつかったり、床に転がるブロックを踏んでケガをしたりするなど、軽微なものも含めると毎月10件以上のケガが発生している。

指導員たちはそのたびに「あぶない」「やめなさい」と大声を上げるが、子どもたちにはまったく響かない。

指導員たちは頭を抱えていた。

「どうしたら事故をなくせるのか」話し合いの中で出た意見

ある日の反省会で、「どうしたら事故をなくせるのか」について話し合いが行われた。

さまざまな意見が出されたが、その中に**「子どもたちに自分自身の行動を見せれば、意識が変わるのでは」**という意見があった。

たしかに、日頃は「あぶないからやめなさい」という注意や指導ばかり。

子どもたちに丁寧に教えたり、子どもたちを育てることができていないことに指導員たちは気がついた。

注意や指導ばかりではなく、子どもたちの「意識」に働きかけようと方向性を変えることにした。

名づけて**「放課後クラブ子どもサミット」**。

普段のクラブ室の様子を撮影し、「帰りの会」で上映する。そして、子どもたちにクイズ形式で「どこが危険かな？」と出題し、意見を出し合う。

子どもたちから「先生の声が聞こえてない」「落ちているブロックがあぶない」などの指摘が上がるようになった。

翌朝、ひとりの３年生の子が指導員を無造作に積まれたマンガ本のエリアに連れていき、「ここがあぶない」と指摘してくれた。

事故という問題が、指導員たちだけでなく、子どもたちとも共有されたのである。

軽微なものも含め２０２３年10月には12件、11月には15件だったケガの発生が、12月には２件にまで減少した。

子ども目線に立ち、子どもたちと一緒に問題を解決した大きな成果である。

わずか4年で3倍以上の伸長率

この放課後クラブでの取り組みを読み、みなさんはどのようにお感じになっただろうか。

「所詮、一現場での些細な出来事」と思われる人もいるかもしれない。

しかし、こうした取り組みが数多くの現場で、継続的に行われていたらどうだろう。

明日葉という会社はそうした**現場力に磨きをかけ、競争力にまで高め、いまでは「明日葉ブランド」にまで昇華させている好例**と言える。

明日葉は放課後児童クラブ（以下、学童）などの事業を営む会社である。

共働き家庭が増え、放課後の子どもたちが安心、安全に過ごせる「居場所づくり」が大きな社会課題となっている。

これまでは自治体による直営や父母会などが運営することが多かったが、人材確保難そして学童に求めるものが高度化し、多岐にわたるようになり、民間に委託する動きが顕著になっている。

明日葉はそうした時流に乗り、急成長している。

２０２０年度の売上高は48億円程度だったが、２０２３年度には１１４億円、そして２０２４年度には１５０億円を見込んでいる。**わずか4年で3倍以上の伸長率**である（図表5-1）。

依頼を受ける自治体の数は31（２０２０年度）から92（２０２４年度）へと急増し、事業所数も１９８から７６４へと急拡大している。

明日葉の評判が高まり、ほかの自治体から「プロポーザルに参加してください」と声をかけられることも増えている。

図表5-1　明日葉の売上高推移

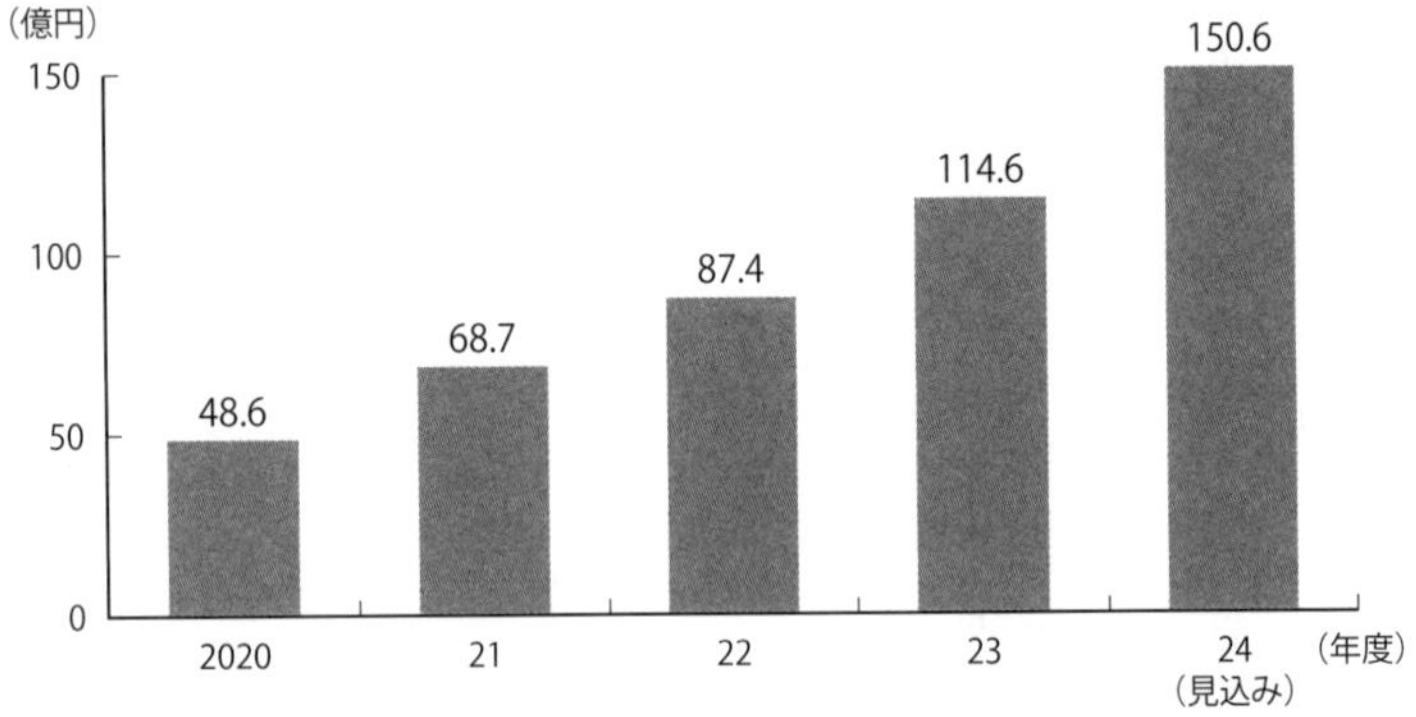

いまでは、全国で毎日約３万９０００人もの子どもたちが、明日葉が運営する学童で放課後の時間を楽しく、安全に過ごしている。

95%超という驚異の「再選定率」

当然、それに伴い従業員数も１８７０人から８５００人へと急増している。

これだけ急成長すれば、現場でのサービス品質が劣化し、トラブルが多発することも起こりうる。

しかし、明日葉では大きなサービス品質の劣化は見られない。

もちろん、トラブルがまったくないわけではないが、現場力の強化によって未然防止や、たとえ起きたとしても最小限のインパクトでとどめることができている。

それは明日葉の**「再選定率」の高さ**を見ればわかる。

自治体からの受託を継続するには、3〜5年おきに実施される再選定プロポーザルで選ばれなければならないが、明日葉の「再選定率」はなんと95%を超えている。

前述した幡代小学校放課後クラブも２０１３年から受託を継続している。

「全体として規律のある安定的な運営がなされている」

「マニュアルが整備され、どんな人でも同じような対応ができるよう工夫がされている」

など、自治体からは高い評価を受けている。

「現場力」と「土着化」という2つの競争力

なぜ明日葉は、自治体や保護者からこれほど高い評価を受けるのか。

明日葉の競争力の源泉について、山下高明社長はこう語る。

「**現場力と土着化。この2つが明日葉の強み**です。この2つを愚直に磨きつづけています」

明日葉は現場の会社である。そして、その現場で毎日大小さまざまな問題が起きている。それらの問題を現場が主体的に解決する。

それこそが現場力である。

現場力の高さは「改善レポート」の枚数を見ればわかる

明日葉の現場力の高さは、現場から提出される「改善レポート」の枚数を見ればわかる。2019年度には455件だった提出件数が、2023年度には2101件へと急増している（図表5-2）。

そして、それは一部の現場だけが行っているのではない。97％の現場（新規オープンの現場を除く）から「改善レポート」が提出されている。問題解決力が組織能力へと昇華している証しと言える。

また、現場力は各現場に閉じたものだけではない。

同じエリアの現場同士がつながり、協力し合いながら、現場力を高める事例も増えている。

図表5-2　明日葉の「改善レポート」提出件数推移

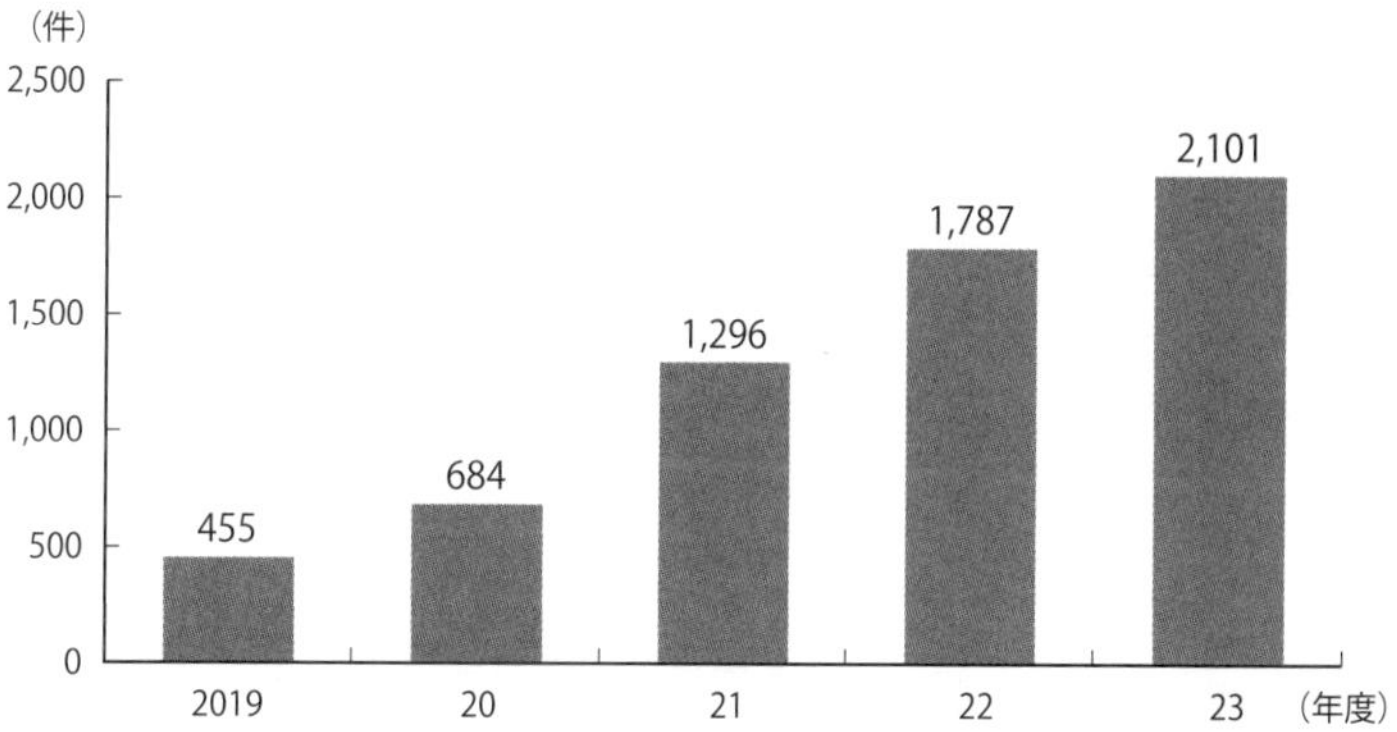

たとえば、所沢市、狭山市、国分寺市、東久留米市で運営している14の事業所では、お互いにクリスマスプレゼントの交換を行う「ashitawa」（明日輪）という取り組みを行っている。

子どもたちが廃材などを使ってクリスマスプレゼントをつくり、お互いに交換する。そして、その様子を写真や動画などを使って共有する。

こうした取り組みを**現場同士が連携し合い、自分たちで進めている**。

近隣の自治体であっても、自治体を超えると従業員同士のつながりはほとんどなく、距離を感じていた。さらに、子どもたちもコロナ禍を経験し、近隣の施設であっても関わりが希薄になっていた。

「なんとか『つながり』をつくれないか」という現場の思いが、大きな「輪」を生み出している。

「土着化」で自治体の要望に応える

明日葉のもうひとつの強みが**「土着化」**である。

学童に対するニーズは、各自治体の運営方針や地域の状況によって異なる。そうした要望にきめ細かく対応し、付加価値サービスを提供するのが、明日葉のもうひとつの強みである。

たとえば、入退室管理システムの導入、お弁当の配送サービス、オンラインイベントやスポーツプログラム、プログラミング教室や英語教室など、子どもや保護者に喜ばれるサービスを多岐にわたって用意している。

日本ソフトボール協会と連携し、元日本代表監督の宇津木妙子さんによる「ＡＳＯＢＡＬＬ（あそボール）」というプログラムを実施したり、東京都と千葉県にまたがる4事業所をオンラインでつなぎ、「なわとび世界記録」に挑戦し、見事達成するなど、明日葉ならではの付加価値を次々に生み出している。

また、地元企業や団体、教育機関などと連携し、**「新たな価値の創造」**にも取り組んでいる。

たとえば、南足柄市の事業所では地元の金属リサイクルの会社とタイアップし、学童への出前授業や工場見学などを実施している。

遊びや工作を通して、アルミ缶とスチール缶の違いを知り、身近な資源の再利用についての意識を高めるなど、ＳＤＧｓについても学んでいる。

学童に求めるものが多様化、高度化する中で、自治体や保護者の要望に積極的に応えようとする明日葉の姿勢と実行力が高い評価を受けているのだ。

従業員満足（ＥＳ）がなにより大切

こうした主体的かつ創造的な現場は、どうすれば生まれるのか。
山下社長はこう教えてくれた。

「なんといっても、**従業員満足が大切**だと思う。自己の成長実感を感じられ、心理的安全性が担保され、ワークライフバランスがとれるよう心掛けている。従業員サーベイでは、8割以上の従業員が満足と回答してくれている。まだまだ足りていない点はあるが、**従業員がもっともっとやりがいを感じてくれるようにするのが私の仕事**」

従業員満足（ＥＳ）が高まり、それによって従業員の主体的な提案や行動が増える。それによって、子どもたちや保護者の満足（ＣＳ）が高まる。このことが、業務を委託している自治体からの高評価につながり、再選定でまた選ばれることによって、現場のプライドやコミットメントはさらに高まる。

こうした好循環が明日葉では生まれている。

従業員が幸せでないのに、顧客が幸せになることはありえない。

「会社のための現場力」ではなく、**「従業員のための現場力」**。

これこそが、いま求められている現場力である。

2

現場力を経営の「軸」に据える

「現場を元気にしたい」という思いからスタート

株式会社明日葉は、**「社会と共生する樹でありたい」**をミッションとして掲げるソシオークグループの一事業会社である。

ソシオークグループは学童&児童館事業以外に、給食事業、保育事業、自動車運行管理事業、障がい福祉サービス事業など地域生活を支える多様な事業を営む会社である。

創業60年を超え、**「日本で最もソーシャルサービスを支えている企業グループを創る」**ことを目指している。

事業の拡大とともに、売上高も順調に伸ばしてきた。

２０２３年度の売上高は３７３億円。２０１３年度の売上高は１０６億円だったので、**この10年で3・5倍に伸長**した。

そして、その経営の柱のひとつとして掲げているのが、現場力である。

明日葉だけでなく、グループ全体で10年にわたり粘り強く現場力の強化に取り組み、現場力を競争力の源泉にまで高めている。

きっかけは現場の疲弊「このままではうちの会社は潰れる」

そのきっかけは、**現場の疲弊**だった。

ソシオークグループは現場の会社である。給食、子育て、運行管理などやっている仕事は異なるが、現場こそが価値を生み出す当事者である。

その現場から活気が失せ、元気がない。

グループを率いる大隈太嘉志代表は、**「このままではうちの会社は潰れる」**と大きな危機感を抱いた。

私の著作（『新幹線お掃除の天使たち』あさ出版）を読まれた大隈代表は私に連絡をくれ、そこから現場力強化の取り組みが始まった。

大隈代表は当時の心境を「藁にもすがる思いだった」と振り返る。

最初に取り組んだのは、現場の責任者であるチーフを対象にした**「現場力ワークショップ」**である。

２０１４年、最も疲弊が深刻だった給食現場のチーフたちを対象にワークショップを始めた。ファシリテーターは私が務めた。

現場を支える要の人たちに現場力という考え方を知ってもらい、現場力を高めるために何が必要なのか、何から始めたらいいのかを考えてもらう丸一日のセッションである。

普段は目の前の業務をこなすことに手一杯で、「あるべき姿」など考えたこともない。「自分たちが働く現場をどのようにしたいのか」を考え、それを実現するためにどうすればいいのかをみんなで議論した。

トヨタやTESSEIなどの他社事例を研究し、改善や「見える化」などの概念を学び、問題解決の手法を身につけた。

1回のワークショップの受講生は25～30人程度。2014年には複数回実施し、100人以上がワークショップに参加した。

大隈代表も毎回のワークショップに参加し、受講生たちに現場力の重要性を直接伝えた。

全社規模での「現場力ワークショップ」の展開

ワークショップに参加したチーフたちは、現場に戻り、**足元の改善から取り組みはじめた。**

そして、その成果を「改善レポート」として本社に提出するよう促した。

その際に伝えたのは、**「小さな改善こそが大事」**ということだ。

たとえ小さくても自分たちで変えることができるという成功体験は何物にも代えがたい。足元の改善を愚直に続けることの重要性を説きつづけた。

その一方で、翌２０１５年からは「現場力ワークショップ」をグループ全体に広げていった。

毎年、5回から6回のワークショップを行い、２００人程度のチーフ、サブチーフを中心に現場力を理解してもらい、実際に改善に取り組んでもらった。

現場から提出される「改善レポート」も順調に増えていった。

２０１５年度の提出件数は１８４８件だったが、２０２３年度にはグループ全体で９０３０件にのぼった。

「数」が増えるにつれ、「質」も確実に高まった。

当初は足元の改善が中心だったが、大きなコスト削減を実現したり、売り上げの増加、お客様満足の向上につながるような、きわめて質の高い改善が増えていった。

これまでは目先の業務をこなすだけの「マニュアルワーカー」だった現場従業員が、**知恵やアイデアを出す「ナレッジワーカー」へと変身**していった。

「エバンジェリスト」の養成で、「仕組み化」に着手

ソシオークグループの現場は少しずつ活気が戻り、主体的な取り組みが増えはじめた。しかし、その輪はまだまだ小さく、脆弱だった。

大隈代表は「ここで手を抜いたら、また元に戻ってしまう。ここが勝負どころだ」と考えた。

そこで打ち出したのが**「現場力エバンジェリスト」の養成**である。

２０２１年、各事業会社から20代、30代の８人の精鋭を集め、**現場力の伝道師となる「エバンジェリスト」**に任命したのである。

現場でチーフなどを務め、現場をよく知る人材が集められた。**8人は兼務ではなく、専任として現場力強化の「司令塔」として専念する体制**を敷いた。

まず、８人は現場力を経営理論として学び、その任務を果たすために必要な知識とスキルを集中的に学んだ。

「エバンジェリスト」の主たるミッションは**「啓蒙・支援」**である。

現場に寄り添い、現場に必要な研修などを実施し、好事例を吸い上げ、称賛し、組織内で共有・横展開することである。

毎日が「戦場」のような現場では、改善の必要性はわかっていても、なかなか「その日暮らし」から抜け出せない。

「エバンジェリスト」は自らが現場で改善を実践してきた人たちである。

彼ら彼女らの親身なサポートがあるからこそ、現場は一歩ずつ前に踏み出すことができる。

また、いくら現場で素晴らしい改善の取り組みが行われていても、それが「点」で終わってしまったのでは、経営的には意味がない。

現場で実践されている好事例を「見える化」し、共有・横展開し、称賛する一連の流れを「仕組み化」することによって、「点」が「線」となり、やがて「面」へと広がっていく。

「エバンジェリスト」たちは自らが講師となり、ワークショップを仕切る。

そして、「コピー用紙1枚分の厚み」の改善がいかに大切かを啓蒙し、そのコツやスキルを伝授している。

現場での活動を「褒める」仕組み

「エバンジェリスト」の役割は多岐にわたる。

現場力についてのオンライン教材の開発、現場力を啓蒙するための社内ラジオの企画・運営など、現場力の「伝道師」として知恵を絞っている。

なかでも重要なのが、**「ソシオークアワード現場力部門」の運営**だ。

これは各現場から提出される「改善レポート」の中から優秀な取り組みを選考し、表彰するものだ。上期と下期に分け、年2回行われる。

２０２３年度には、グループ全体で９０３０件もの「改善レポート」が提出された。

それらすべてに目を通し、候補作品を厳選し、ファイナリスト22作品（事業所部門15作品、本支店部門7作品）に絞り込む。

ファイナリスト作品はそれぞれ3分の動画に編集され、役員や社員たちはそれらを視聴し、投票する。最終的には、その結果を参考に審査委員会がグランプリなどの賞を決定する。

大きな成果を上げたものばかりではなく、たとえ小さな改善でも**「ソシオークらしい」作品にもスポットライトを当てる**ようにしている。

受賞した現場には、代表自らが赴き、賞状や記念品を直接手渡している。

現場力の最大の敵は「無関心」である。

どんなに素晴らしい取り組みをしていても、誰も知らない、関心を示さないのでは、現場での地道な取り組みは継続しない。

現場での取り組みにスポットライトを当て、お手本となる取り組みを褒め称える。

それこそが現場にとって最大の励みとなる。

「学び合う・教え合う・高め合う」――「ソシオークカレッジ」の構築

ソシオークが構築したもうひとつの仕組みが、**「ソシオークカレッジ」**である。

現場が現場力を発揮するためには、現場で行うべき業務を早くマスターし、改善に取り組むための余裕や時間を生み出さなくてはならない。

そのためには、**現場業務に必要な知識やスキルを体系的に習得**する必要がある。そのために整備されたのが「ソシオークカレッジ」である。

栄養士や調理師、児童指導員、保育士などそれぞれの専門的な知識やスキルを学ぶ９つのコースを設定し、３年で一人前になるためのプログラムを開発し、２０２２年度からスタートさせた。

そのスローガンは**「学び合う・教え合う・高め合う」**である。

その特徴は、次の２つに集約される。

①「カリキュラムデザイナー」による内製化

「ソシオークカレッジ」の最大の特徴は、各コースの科目における教育コンテンツを「カリキュラムデザイナー」と呼ばれる社員たちが**専任体制で開発**していることである。

各事業会社から他薦・自薦で選ばれた7人の「カリキュラムデザイナー」が毎年の人材育成計画にもとづき、体系的・継続的にカリキュラムをレベルアップさせている。

2024年度のプログラムは**全9コース、343科目**に及ぶ（図表5-3）。

②現場で働く社員自らが講師として登壇

2つめの特徴は、**現場で働く社員自らが講師となり、仲間に教え合い、高め合っている**ことである。

自分が習得した知識やスキルを、今度は教える立場になることによって、より深く理解し、教える喜びを感じてもらうのが狙いである。

2023年度には**240人が「教える社員」として活躍**している。

図表5-3　ソシオークカレッジ全体像

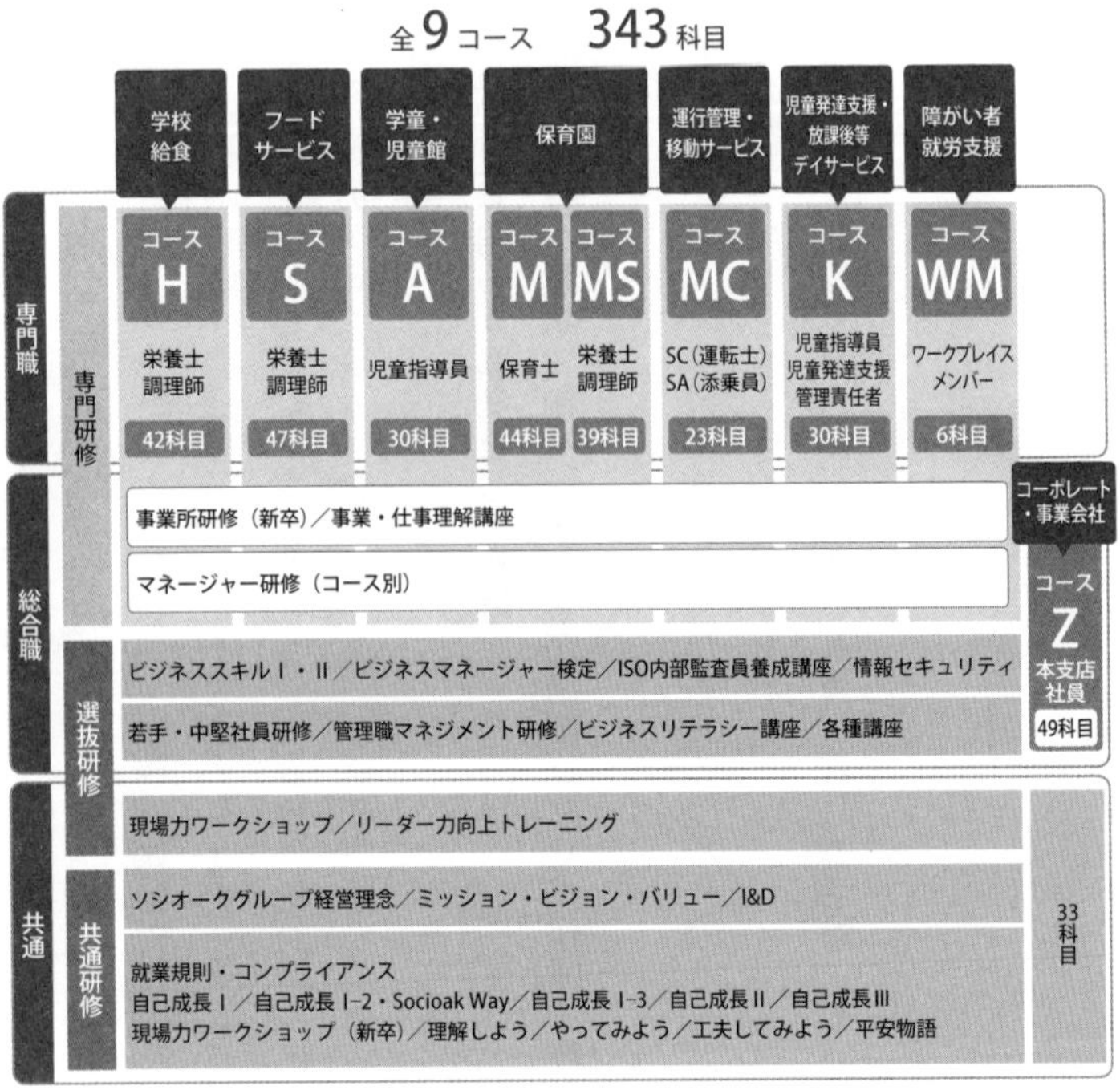

現場を覚醒させ、可能性を引き出す

現場力とは、現場の主体的な問題解決活動のことである。

しかし、目の前のことに忙殺されがちな現場は、一部の限られた意欲の高い現場を除き、放っておけば日常に埋没し、改善に取り組むことなどありえない。

だから、**「仕組み」が必要**なのである。

ソシオークグループは、**「エバンジェリスト」「ソシオークカレッジ」**という2つの仕組みを構築することによって、現場力強化の取り組みをいっきに加速させ、それをグループの成長につなげ、ブランド化させることに成功している。

大隈代表はインタビューの際、この10年の現場力強化の取り組みについて、こう語ってくれた。

「正直、3K（きつい・汚い・危険）と言われるような現場も多いので、『仕方がないのかな』と諦めていた部分もあった。しかし、現場力の取り組みをすることで、キラキラ目を輝かせる現場が少しずつ増えていき、やがて業績も確実に上向いていった。これしかないと手応えを感じていった」

すべての現場には可能性が秘められている。

しかし、何もしなければ、その可能性は眠ったままである。

現場を覚醒させ、その可能性を最大限に引き出すことができれば、とてつもなく大きな成果を上げることができる。

ソシオークグループは、それを証明してくれている。

3 「逆ピラミッドの三角形」を構築する

ピラミッド発想から逆ピラミッド発想へ

第1章で触れたように、**経営は「ピラミッド構造」で考えるのが一般的**である。

「ビジョン」「競争戦略」という上位概念があり、「オペレーション」は一番下に位置するものと考えがちである。

しかし、経営の実行局面においては、この考え方を逆転させ、**「逆ピラミッドの発想」**で考える必要がある。

実行の当事者はオペレーションを担う現場であり、現場こそが最上位に位置付けられ、本社や経営陣はそれを下から支えるという発想転換が求められる。

現場力強化とは、まさにこの「逆ピラミッドの三角形」を構築することにほかならない。現場を「主役」に据え、自律・自走する現場を育て、実行の「エンジン」へと高めることによって、経営の実行力は高まり、成果につながる。

しかし、この「逆ピラミッドの三角形」を構築するのは、容易なことではない。第4章で述べた「5‐20‐100の理論」を実践することこそが、その具体的な方法論なのだが、問題解決をしようとする人材、問題解決ができる人材を育てるには、時間と忍耐が不可欠だ。

現場力強化とは、まさに「人づくり」にほかならない。

現場力強化を加速する「仕組み」をつくる

10年にわたるソシオークグループの取り組みは、「逆ピラミッドの三角形」を構築するための好事例と言えるだろう。

どの企業にも、意欲のある「5%程度の核人材」はいるだろう。

しかし、**5%では会社は変わらない**。

ほとんどの会社は現場力強化の取り組みを現場まかせにし、有効な手立てを講じていない。それでは現場力はものにできない。

5%を20%へと広げ、さらには100%へと浸透させるには、「仕組み」が必要である。

ソシオークグループは次の「2つの仕組み」を構築することによって、現場力強化の加速に成功している（図表5-4）。

仕組み①　啓蒙・支援する仕組み（エバンジェリスト）

現場力という考え方をグループ内に浸透させ、足元の改善から取り組むように現場を促し、生み出した成果を「改善レポート」という形で吸い上げ、称賛し、組織内で共有・横展開させる。

図表5-4　ソシオークグループにおける「逆ピラミッドの三角形」

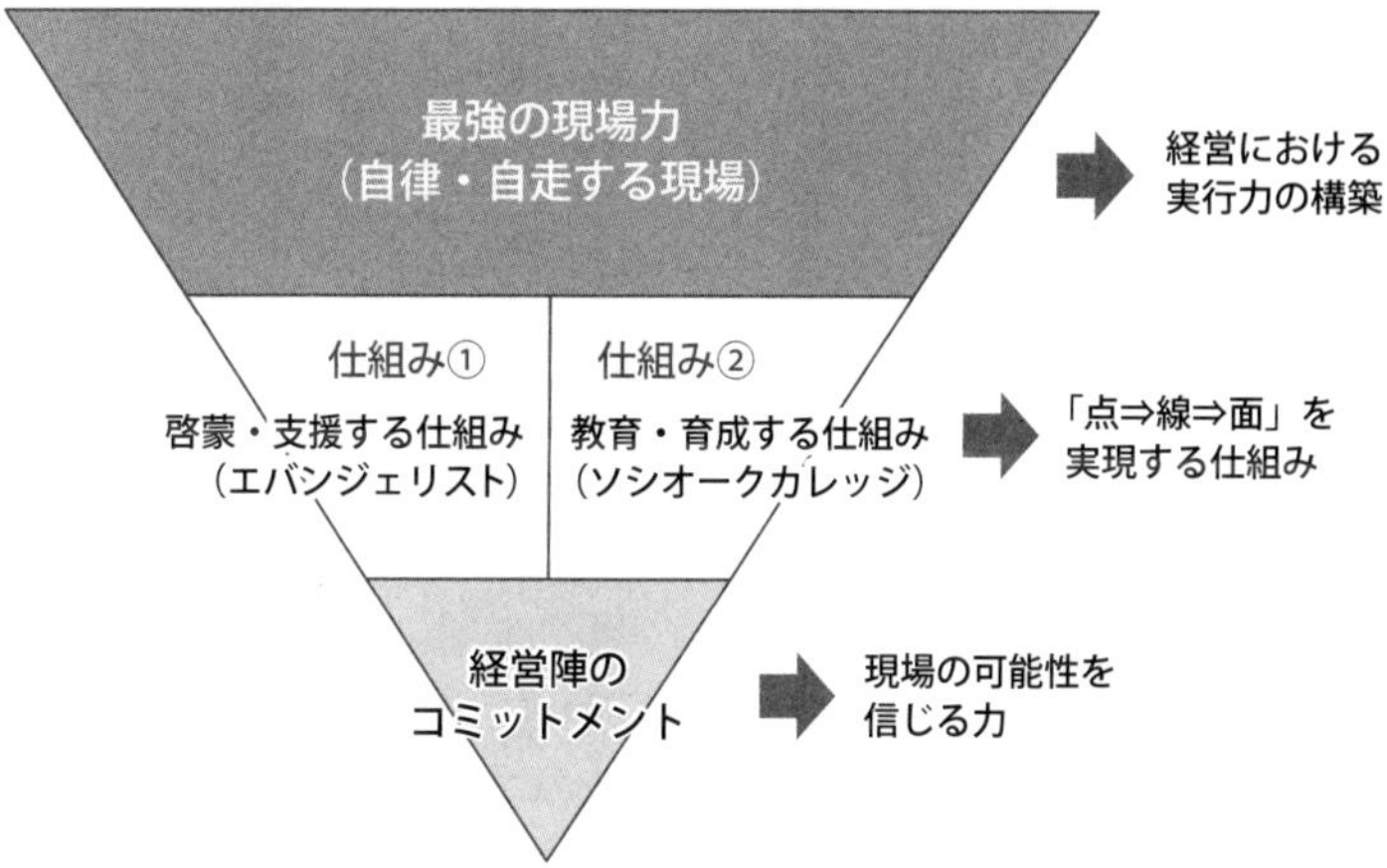

仕組み②　教育・育成する仕組み（ソシオークカレッジ）

現場業務で必要な知識・スキルを体系的に習得し、質の高い業務を効率的に行うことができる人材を育成する。

そのことによって、現場に余裕と時間を生み出し、問題解決（改善）に取り組む環境を整える。

これら「2つの仕組み」を開発し、運営するのは、現場でチーフなどを経験した一般の従業員たちである。

現場をよく知り、現場業務に精通した人材が「仕組み」づくりに参画することによって、実効性の高い「仕組み」となる。

また、現場で業務に従事する従業員たち

にとっては、「エバンジェリスト」や「カリキュラムデザイナー」という仕事が将来の新たなキャリア目標にもなる。

ＤＸ（デジタルトランスフォーメーション）においては、ノーコードツールを活用した**「市民開発」**というコンセプトが広がっている。非ＩＴ人材でもデジタルを使いこなし、業務改善を主体的に進めることができる。

「市民開発」というコンセプトが有効なのは、ＤＸだけではない。**人材開発、教材開発という領域においても「市民開発」は有効であり、現場をよく知る社員たちが開発するからこそ、現場を動かすことができる「仕組み」になる**のである。

成功体験が現場力を本物にする

現場力を競争力の柱にしようとするのであれば、経営陣のコミットメントは必要不可欠である。

現場力強化を現場まかせにしていては、現場力はものにできない。

ソシオークグループは「エバンジェリスト」「ソシオークカレッジ」という「仕組み」を構築するにあたって、**やる気のある人材を抜擢し、専任体制を敷いた。**それによって、現場力強化はいっきに加速した。

中途半端な兼任体制で取り組んだところで、効果的な仕組みは構築できない。

そして、**現場力をものにするために最も大事なことは、成功体験**である。

現場における足元の小さな問題を解決することによって、現場は改善の「威力」をはじめて認識し、**「自分たちでも変えることができる」という自信**を手に入れる。

それによって、**それまでは「余計なこと」だった改善が「大事なこと」へと変わる。**

経営においても同様である。

現場力の取り組みによって、現場が活性化するだけでなく、顧客からの評価が高まり、やがて業績向上に結びつく。

こうした成功体験が積み重なることによって、現場力が会社の柱となり、最強の模倣困難性へと高まっていく。

そして、その根底にあるのは**現場の可能性を信じる**ことである。

現場力という無限の力を信じ、引き出そうとすることこそが経営者の最大の仕事である。

おわりに

この本の主題は「現場」である。

じつは、私たちの身の回りには、たくさんの「現場」がある。飲食店やコンビニ、スーパーなどの店舗、ホテルや病院、空港でのカウンターなど、日常生活で客として何気なく接しているところが、企業の側からすると紛れもなく「現場」なのである。

そして、そうした現場の品質を私たちは「客」として評価し、気に入ればリピーターとなり、気に入らなければ二度と使わなくなる。一消費者として、「現場力」を評価し、取捨選択をしているのである。

企業の側からすると、こうした**現場はまさに「戦場」**である。

客の立場なら、気に入らなければ行かない、買わないで済むが、その事実は企業にとっては「顧客に選択されなかった」という深刻な事態となる。

何らかの問題点が存在し、消費者に受け入れられなかった現場を改善しなくては、経営にとって死活問題である。

問題の多い現場に四苦八苦する企業がある一方で、素晴らしい現場の品質を保っている企業も存在する。

私が顧客として素晴らしい現場だと思うのは、御茶ノ水にある山の上ホテルである。わずか75部屋のこぢんまりとしたホテルだが、ここの接客やサービスは、ピーンと張り詰めた心地よい緊張感と程よいもてなしの心が入り混じった超一級のものである。

外資系の高級ホテルチェーンが次から次へと東京に進出し、その豪華な設備や内装を競う中で、山の上ホテルはハードウェア面においては当然見劣りする。

しかし、このホテルがいまだに多くの文人や文化人に愛されつづけているのは、その「現場の品質」、すなわち「現場力」にほかならない。

サービス業としてのプロフェッショナリズム、誇り、伝統が、**現場の「自律神経」として隅々まで行き渡っている**。まさに、ＧＥのジャック・ウェルチ前会長が指摘した企業の「ソフトウェア」が、競争上の優位性にまで高められているのである。

山の上ホテルに勤める人たちの誠実さ、愚直さ、生真面目さは、業種の違いこそあれ、トヨタや花王というオペレーショナル・エクセレンスを誇る企業と同一のものである。

バブル崩壊後、自信を失った日本企業の多くは、資本の論理やコーポレート・ガバナンスなど米国流の経営コンセプトに飛びついたり、カリスマ的な経営者の登場を待ち望んだりして、自分たちの足元に目が行かなくなってしまった。

もちろん、新しいものでも、よいもの、自分たちに適したものはどんどん入れればいい。

しかし、忘れてならないのは、たとえ新たな経営コンセプトを導入したり、カリスマリーダーを招いても、**「価値を生み出すのは現場」という経営の本質は永遠に変わらない**のである。

「現場に目線を合わせ、現場から経営を組み立てていく」。

本書を読んで、ビジネスの原点をもう一度思い起こしていただければ、著者として望外の喜びである。

２００４年１月

遠藤　功

オペレーショナル・エクセレンス 30のキーワード解説

ア

【アンドン】

生産現場に掲げられる「ライン・ストップ表示板」のこと。

ライン作業者が異常を発見すると、ひも付きスイッチを自らの判断で引き、黄色が点灯する。ラインの監督者が駆けつけ、問題点を是正する。ライン・ストップが必要であれば、赤色が点灯する。

工場のどこにいても、一目でラインの異常がわかるための「目で見る管理」の代表例である。

【ウェイ（Way）】

それぞれの企業独自の価値観、行動様式を明文化したもの。

自社の強みの源泉となる「自分たち独自の考え方、やり方」を固有の「ウェイ」として明文化し、発展、伝承させることが持続力のある競争力につながる。

海外の企業では「HPウェイ」、日本企業では「トヨタウェイ」が有名である。

【お客様志向】

オペレーションというと、とかく効率性や生産性といった企業内部の活動に限定して考えがちだが、「お客様第一」の考え方なくして「オペレーショナル・エクセレンス」は実現できない。

値頃感のある商品やサービスを提供するためにコスト競争力を磨き、そのプロセスにおいてお客様のニーズやウォンツを敏感に察知して、新たな顧客価値を創出する。

すべての活動がお客様に収斂《しゅうれん》していなければならない。

【オペレーショナル・エクセレンス】

企業活動の屋台骨であるオペレーション、すなわち現場での活動が競争上の優位性にまで高められている状態を指す。「コスト」「品質」「スピード」「持続性」の4つのものさしで測定することができる。

卓越した現場の競争力は、持続力の長い優位性を企業にもたらす。

カ

【下意上達】

現場が自ら能動的に、さまざまな問題点を発見し、解決に向けての問題提起を本社や経営幹部に行うこと。

競争力強化のヒントは現場に存在する。現場の意志や意欲こそが競争力を高めるトリガー（引き金）となる。

【改善】

自主的に業務のあり方を考え、問題点を発見し、解決を導き出す活動。

それぞれの業務や工程における小さなムダを取り除く活動だけにとどまらず、業務連鎖全体での効率性を追求したり、改善を促進する人材を育成するなどの高度な活動も包含した奥の深いものである。

【改善魂】

トコトンまで改善活動を追求しようとするマインドのこと。

改善機会は無限であり、改善は永遠の活動である。

現状に満足せず、愚直なまでに改善を求める姿勢こそが「オペレーショナル・エクセレンス」の推進力である。

【業務連鎖】

企業活動における一気通貫の仕事の流れのこと。

仕事はチェーン（鎖）のように、組織の壁を越えてつながり、はじめて価値を生む。

上流から下流に至る流れの中で、業務や情報が滞留せず、スムーズであることが重要である。自分の仕事だけに埋没せず、前工程、後工程を意識したプロセス志向を全員が持たなければならない。

【KPI（Key Performance Indicator）】

各部門やプロセスにおけるオペレーションの状況をつかむための定量的な指標。

「スピード」「効率性」「コスト」といったオペレーションの品質を測定するためのツールで、継続的なオペレーションの進化を実現するために必要不可欠である。

【現状不満足企業】

「オペレーショナル・エクセレンス」を誇る花王が標榜《ひょうぼう》するスローガン。

22期連続連結経常増益という実績を上げているにもかかわらず、現状に満足することなく、あえて現状を否定し、さらに進化を目指そうとする企業姿勢があらわれている。

「打倒トヨタ運動」を標榜するトヨタと共通する考え方である。

【健全な対立関係】

企業が成長すると、部門や機能の壁ができ、同じ会社でありながら遠慮が生まれ、ぶつかり合いが減っていく。

組織の壁を越えた意見の衝突こそが、新しい発想を生んだり、組織としての総合力を活かすためには不可欠である。

衝突や対立を恐れないオープンなコミュニケーションを奨励する必要がある。

【現地現物現実（三現主義）】

頭で考える前に、「現地」に飛び、「現物」を確認し、「現実」を認識することがなにより重要であるとする考え方。

事実をきちんと把握したうえで、どうすればよいかを考えなければ、よい対策にはなりえない。

「現地」「現物」「現実」（もしくは現状分析）の3つを重視することを「三現主義」という。

【現場の自律神経】

強い現場には自ら能動的に問題点を発見し、解決しようとする鋭敏な神経が張り巡らされている。

ただ漫然と作業をこなすのではなく、常に改善機会や新たな価値創出のためのヒントを探ろうとする人間の意志と意欲が、現場にやる気と緊張感をもたらす。

【現場力】

企業活動のオペレーションを担う現場が持つ組織能力のこと。

具体的には、現場が自ら問題を発見し、解決する能力を指す。

この組織能力には企業間格差があり、現場力の高い企業は持続力のある競争力を確立している。

【源流主義】

現場で起きるさまざまな問題点に対して、その真因にまで遡って本質的な問題解決を行おうとする考え方。

表層的な症状に振り回されることなく、その問題点が発生しているメカニズムを構造的に理解し、根本的な解決を志向しなければならない。

【5回のなぜ】

問題点の真因を探るうえで、きわめて有効な考え方。

ある問題点に対して、「なぜそうしたことが起きているのか」など、「なぜ」を複数回繰り返すことによって、根っこにある真因に辿り着くことができる。

【コールド・アイ・レビュー】

現場の品質を経営がチェックするための監査レビューミーティング。

現場の品質を高める主体はあくまで現場だが、経営には現場を叩き、鍛える責務がある。

あるときは「冷徹なまでの目線」（コールド・アイ）で、現場の問題点を指摘し、緊張感を与えることが重要である。

サ

【三無の排除】

弱い現場に共通して見られる「無知」「無視」「無関心」という3つの症状を取り除くこと。

分業化が進み、組織の壁ができると、自分の業務、自部門の都合にばかりとらわれ、ほかの人や他部門の業務に関心を払わない傾向が強くなる。

常に全体最適を目指し、健全な衝突、ぶつかり合いを奨励しなければならない。

【主権在現】

現場こそが経営の主役であり、企業運営の主権、権限を有するという考え方。

経営をよりよくするヒントは現場にある。そうしたヒントをもとに、現場が能動的に考え、行動することが経営力の強化につながる。

本社のスタッフや社長は、それをサポートする役割を担っているにすぎない。

【全体最適の追求】

組織内の分業、縦割りが進むと、それぞれの部門が自部門の目標達成のみに執着する傾向が出てくる。

その結果、部門としてのパフォーマンスはよくなったものの、全体としての成果が悪くなるということに陥りがちである。

たとえば、工場が工場内の部品や仕掛在庫を減らしたがために、営業は完成品在庫をより多く持たざるをえなくなり、トータルの在庫金額が膨らむといった例が挙げられる。

タ

【ツボ割り】

企業が成長し、組織が拡大、機能分化すると、機能別・部門別の縦割り意識が生まれ、タコツボ化現象が出てくる。

部分最適の追求に陥り、全体最適がはかれず、企業としての一体感も失ってしまう。

機能横断的なプロジェクトの編成などによって「タコツボ」を割り、組織の総合力を発揮する工夫をしなければならない。

【DNA】

企業が持つ固有の価値観、行動様式など企業活動を行ううえでの遺伝子のこと。

創業以来培われてきた独自のDNAは、他社に真似のできない絶対的な競争力の源泉となりうる。

しかし、企業のDNAは継承する努力を怠ると消滅してしまう。

また、トヨタのように海外展開の加速化に伴い、自社のDNAを海外にまで移植する努力をしている企業もある。

ナ

【二律背反の克服】

一見相反する2つの目標を同時に、高次元で達成すること。

たとえば、一般にはコストを下げるためには、品質の劣化を受け入れざるをえないと考えがちである。

しかし、コストの低減と品質の向上を同時に実現することが、「オペレーショナル・エクセレンス」であり、人間の限りない知恵と工夫がそれを可能にするのである。

【ニンベンの自働化】

トヨタでは、機械やITもあくまで「道具」にすぎないと考えられている。

機械やITを上手に使いこなすかどうかは人

間の能力にかかっており、人間があくまで主役である。

機械やITに振り回される「自動化」ではなく、人間主導の「自働化」でなくてはならない。

ハ

【場】

現場における改善活動を効果的に推進するための舞台装置のこと。

各現場における朝礼や夕礼といった日常的なものから、各拠点単位、全社合同で定期的に行う会議体まで、さまざまな「場」を設定し、問題点の発見、提起、解決を推進しなければならない。

イトーヨーカ堂の業革会議、GEのワークアウトなどが例として挙げられる。

【PDCA（自律的サイクル）】

改善を進めるための一連のステップを表す「Plan-Do-Check-Action」のこと。

業務をやりっぱなしにせず、常に新たな問題点を発見して進化させていくためには、PDCAサイクルを回しつづけることが基本である。

トヨタではPDCAに「Achievement」（効果検証）を加えた「PDCAA」が標榜されている。

【人づくり】

現場を支えているのは、あくまで人である。

どんなに最先端の情報技術やオートメーションを導入しようと、現場の競争力を根っこで支えているのは人間の情熱と知恵である。

改善魂を持った人間をどれだけ育てることができるかが「オペレーショナル・エクセレンス」実現の鍵である。

マ

【前工程・後工程】

「オペレーショナル・エクセレンス」の中核思想である業務連鎖の同義語。

どんな仕事もつながっており、前工程・後工程が存在する。

目先の自分の仕事だけを見るのではなく、前後を常に意識した仕事を行うことが全体最適の実現につながる。

問題点はできるだけ前工程で発見し、潰すことが鉄則であり、そのためにも後工程は前工程の業務品質に厳しく目を光らせる必要がある。

【見える化（目で見る管理）】

強い現場とは自ら問題点を発見し、解決することのできる現場のことである。

そのためには、まず問題点が浮かび上がって、見えていなければならない。問題点を隠すのではなく、顕在化させることがすべての出発点である。

そのための仕組みを「見える化」という。

トヨタの製造ラインにおけるアンドンが例として挙げられる。

【ムダ・ムラ・ムリ】

あらゆる業務において高い効率性を追求するには、作業のムダ・ムラ・ムリを取り除くのが基本である。

ムダとはつくりすぎ、待ち、移動など付加価値のない、もしくは低い業務のことである。

ムラとは業務品質のバラツキや作業の平準化がなされていないことである。

ムリとは品質やコストに影響を及ぼす過負荷業務を行うことである。

これらを各自の業務だけでなく、一連の業務プロセスの中で排除することが肝要である。

参考文献

遠藤功監修（２００１）『ＭＢＡオペレーション戦略』ダイヤモンド社

遠藤功（１９９８）『コーポレート・クオリティ』東洋経済新報社

広中平祐（１９８８）『湧源国家論』ＰＨＰ研究所

畑村洋太郎（２００２）『失敗学の法則』文藝春秋

浦壁伸周（２００２）『否定学のすすめ』プレジデント社

ヨセフ・アガシ（２００２）『科学の大発見はなぜ生まれたか』（立花希一訳）講談社

大野耐一（１９７８）『トヨタ生産方式』ダイヤモンド社

大野耐一（２００１）『大野耐一の現場経営』日本能率協会マネジメントセンター

山田日登志（１９８８）『トヨタ生産方式をトコトン理解する事典』日刊工業新聞社

若松義人・近藤哲夫（２００１）『トヨタ式人づくりモノづくり』ダイヤモンド社

梶原一明（２００２）『トヨタウェイ』ビジネス社

小倉昌男（２００３）『やればわかる　やればできる』講談社

Ｍ・ハマー／Ｊ・チャンピー（２００２）『リエンジニアリング革命』（野中郁次郎監訳）日本経済新聞出版

ジェームズ・Ｃ・コリンズ／ジェリー・Ｉ・ポラス（１９９５）『ビジョナリーカンパニー』（山岡洋一訳）日経ＢＰ出版センター

Ｊ・Ｗ・マリオット・ジュニア／キャシー・アン・ブラウン（１９９９）『マリオット・ウェイ　サービス12の真実』（青木孝誠監修　住友進訳）日本能率協会マネジメントセンター

デービット・パッカード（２０００）『ＨＰウェイ』（デービット・カービー／カレン・ルイス編　伊豆原弓訳）日本経済新聞出版

秋場良宣（２００３）『イトーヨーカ堂業革委員会』講談社

寺門克（１９９８）『活力場の研究』日経ＢＰ企画

常盤文克・内田和成・小野桂之介（２００３）『「量」の経営から、「質」の経営へ』東洋経済新報社

中部博（２００２）『ホンダ式』東洋経済新報社

デーブ・ウルリヒ／スティーブ・カー／ロン・アシュケナス（２００３）『ＧＥ式ワークアウト』（高橋透・伊藤武志訳）日経ＢＰ社

グロービス・マネジメント・インスティテュート（２００２）『個を活かし企業を変える』東洋経済新報社

ほかに、『日本経済新聞』『日経産業新聞』『読売新聞』『日経ビジネス』『週刊東洋経済』『プレジデント』『Think!』等の新聞、雑誌を参考にした。主要な記事は以下の通りである。

『日経ビジネス』（２００２年６月17日号）「中国に負けない工場」

『日経ビジネス』（２００２年10月14日号）「経営戦略（人材活用）ロレアル」

『日経ビジネス』（２００３年７月21日号）「強さの研究　花王」

『日経ビジネス』（２００３年８月18日号）「会議革命」

『日経ビジネス』（２００３年９月22日号）「郵政、佐川を迎え撃つヤマト運輸」

『日経ビジネスアソシエ』（２００２年６月号）「トヨタの遺伝子」

【著者紹介】

遠藤　功（えんどう　いさお）

株式会社シナ・コーポレーション代表取締役

早稲田大学商学部卒業。米国ボストンカレッジ経営学修士（MBA）。三菱電機、複数の外資系戦略コンサルティング会社を経て、現職。2006年から2016年まで早稲田大学ビジネススクール教授を務めた。2020年６月末にローランド・ベルガー日本法人会長を退任。同年７月より「無所属」の独立コンサルタントとして活動している。多くの企業で社外取締役、経営顧問を務め、次世代リーダー育成の企業研修にも携わっている。

SOMPOホールディングス株式会社社外取締役。株式会社ネクステージ社外取締役。株式会社ドリーム・アーツ社外取締役。株式会社マザーハウス社外取締役。TANAKAホールディングス株式会社社外取締役。

17万部を超えるロングセラーである『現場力を鍛える』『見える化』（いずれも東洋経済新報社）をはじめ、『現場論』『生きている会社、死んでいる会社』『「カルチャー」を経営のど真ん中に据える』（いずれも東洋経済新報社）、『新幹線お掃除の天使たち』（あさ出版）、『ガリガリ君の秘密』（日経ビジネス人文庫）など、ベストセラー著書多数。

現場力を鍛える 増補改訂版

「強い現場」をつくる７つの条件

2024 年 7 月 30 日　第 1 刷発行
2024 年 9 月 6 日　第 2 刷発行

著　者――遠藤　功
発行者――田北浩章
発行所――東洋経済新報社
〒103-8345　東京都中央区日本橋本石町 1-2-1
電話＝東洋経済コールセンター　03(6386)1040
https://toyokeizai.net/

装　丁…………井上新八
ＤＴＰ…………アイランドコレクション
印　刷…………ベクトル印刷
製　本…………ナショナル製本
校　正…………加藤義廣／佐藤真由美
編集担当………中里有吾

ISBN 978-4-492-53474-8